PSYCHODYNAMIK **Kompakt**

Herausgegeben von
Franz Resch und Inge Seiffge-Krenke

Wolfgang Milch

Selbstpsychologie

Mit einer Abbildung

Vandenhoeck & Ruprecht

Bibliografische Information der Deutschen Nationalbibliothek:
Die Deutsche Nationalbibliothek verzeichnet diese Publikation in der
Deutschen Nationalbibliografie; detaillierte bibliografische Daten sind
im Internet über http://dnb.de abrufbar.

© 2019, Vandenhoeck & Ruprecht GmbH & Co. KG,
Theaterstraße 13, D-37073 Göttingen
Alle Rechte vorbehalten. Das Werk und seine Teile sind urheberrechtlich
geschützt. Jede Verwertung in anderen als den gesetzlich zugelassenen Fällen
bedarf der vorherigen schriftlichen Einwilligung des Verlages.

Umschlagabbildung: Paul Klee, Around the Fish, 1926/INTERFOTO/SuperStock/
Fine Art Images

Satz: SchwabScantechnik, Göttingen
Druck und Bindung: ⊕ Hubert & Co. BuchPartner, Göttingen
Printed in the EU

Vandenhoeck & Ruprecht Verlage | www.vandenhoeck-ruprecht-verlage.com

ISSN 2566-6401
ISBN 978-3-525-40390-7

Inhalt

Vorwort zur Reihe 7

Vorwort zum Band 9

1 Geschichte der Selbstpsychologie 11

2 Der Begriff des Selbst 13
  2.1 Zur Begriffsgeschichte 13
  2.2 Das Selbst in der Psychoanalyse vor Kohut 13
  2.3 Das Selbst bei Kohut 14

3 Die Entwicklung des Selbst in verschiedenen Lebensaltern ... 20

4 Selbststörungen 21

5 Das Selbstobjekt 23

6 Das Konzept des Selbstobjekts in der klinischen Anwendung 25
  6.1 Selbstobjektübertragungen 27
    6.1.1 Drei grundlegende Formen der
        Selbstobjektübertragung 28
    6.1.2 Unterformen der Selbstobjektübertragungen 29
  6.2 Pathologische Akkommodation 32
  6.3 Kohärenz und Fragmentierung 36

7 Motivationssysteme 39

8 Der Unterbrechungs-Wiederherstellungs-Prozess 43

9 Behandlungsziele und kurative Faktoren 46
   9.1 Was heilt nach der psychoanalytischen
       Selbstpsychologie? 46
   9.2 Die Entwicklung und Stärkung des Selbst 47

10 Intersubjektivität und Selbstpsychologie 52
   10.1 Geschichte der Intersubjektivität 52
   10.2 Die intersubjektive Theorie als Systemtheorie 54
   10.3 Kritik an den Vorstellungen Kohuts 57
   10.4 Grundlegende Prinzipien der intersubjektiven
        Theorie und Behandlung 60

11 Patientengeschichte eines psychosomatisch
    schwer gestörten Mannes 65

Literatur 72

Vorwort zur Reihe

Zielsetzung von PSYCHODYNAMIK KOMPAKT ist es, alle psychotherapeutisch Interessierten, die in verschiedenen Settings mit unterschiedlichen Klientengruppen arbeiten, zu aktuellen und wichtigen Fragestellungen anzusprechen. Die Reihe soll Diskussionsgrundlagen liefern, den Forschungsstand aufarbeiten, Therapieerfahrungen vermitteln und neue Konzepte vorstellen: theoretisch fundiert, kurz, bündig und praxistauglich.

Die Psychoanalyse hat nicht nur historisch beeindruckende Modellvorstellungen für das Verständnis und die psychotherapeutische Behandlung von Patienten hervorgebracht. In den letzten Jahren sind neue Entwicklungen hinzugekommen, die klassische Konzepte erweitern, ergänzen und für den therapeutischen Alltag fruchtbar machen. Psychodynamisch denken und handeln ist mehr und mehr in verschiedensten Berufsfeldern gefordert, nicht nur in den klassischen psychotherapeutischen Angeboten. Mit einer schlanken Handreichung von 70 bis 80 Seiten je Band kann sich die Leserin, der Leser schnell und kompetent zu den unterschiedlichen Themen auf den Stand bringen.

Themenschwerpunkte sind unter anderem:
- *Kernbegriffe und Konzepte* wie zum Beispiel therapeutische Haltung und therapeutische Beziehung, Widerstand und Abwehr, Interventionsformen, Arbeitsbündnis, Übertragung und Gegenübertragung, Trauma, Mitgefühl und Achtsamkeit, Autonomie und Selbstbestimmung, Bindung.
- *Neuere und integrative Konzepte und Behandlungsansätze* wie zum Beispiel Übertragungsfokussierte Psychotherapie, Schematherapie, Mentalisierungsbasierte Therapie, Traumatherapie, internet-

basierte Therapie, Psychotherapie und Pharmakotherapie, Verhaltenstherapie und psychodynamische Ansätze.
- *Störungsbezogene Behandlungsansätze* wie zum Beispiel Dissoziation und Traumatisierung, Persönlichkeitsstörungen, Essstörungen, Borderline-Störungen bei Männern, autistische Störungen, ADHS bei Frauen.
- *Lösungen für Problemsituationen in Behandlungen* wie zum Beispiel bei Beginn und Ende der Therapie, suizidalen Gefährdungen, Schweigen, Verweigern, Agieren, Therapieabbrüchen; Kunst als therapeutisches Medium, Symbolisierung und Kreativität, Umgang mit Grenzen.
- *Arbeitsfelder jenseits klassischer Settings* wie zum Beispiel Supervision, psychodynamische Beratung, Soziale Arbeit, Arbeit mit Geflüchteten und Migranten, Psychotherapie im Alter, die Arbeit mit Angehörigen, Eltern, Familien, Gruppen, Eltern-Säuglings-Kleinkind-Psychotherapie.
- *Berufsbild, Effektivität, Evaluation* wie zum Beispiel zentrale Wirkprinzipien psychodynamischer Therapie, psychotherapeutische Identität, Psychotherapieforschung.

Alle Themen werden von ausgewiesenen Expertinnen und Experten bearbeitet. Die Bände enthalten Fallbeispiele und konkrete Umsetzungen für psychodynamisches Arbeiten. Ziel ist es, auch jenseits des therapeutischen Schulendenkens psychodynamische Konzepte verstehbar zu machen, deren Wirkprinzipien und Praxisfelder aufzuzeigen und damit für alle Therapeutinnen und Therapeuten eine gemeinsame Verständnisgrundlage zu schaffen, die den Dialog befördern kann.

Franz Resch und Inge Seiffge-Krenke

Vorwort zum Band

Die psychoanalytische Selbstpsychologie wurde von Heinz Kohut begründet. Der in Wien geborene und nach Chicago emigrierte Psychoanalytiker entfernte sich – aus der klinischen Erfahrung mit seinen Patienten schöpfend – zunehmend von den klassischen Ich-psychologischen Theorien und vertraute mehr auf die Erkenntnisquellen der Empathie und Introspektion, um etwas über die Selbstzustände seiner Patienten zu erfahren. Er prägte den Begriff der Selbstobjekte, als selbststützende Erfahrungen, die von »Objekten« ausgehen und auf das Selbst einwirken. Durch diese Selbstobjekte wird die Selbstkohärenz aufrechterhalten. Der neue Fokus auf das Selbst erlaubte es, auch Patienten und Patientinnen zu behandeln, die zuvor – wie zum Beispiel bei narzisstischen Persönlichkeitsstörungen – als unbehandelbar galten.

Der Autor dieses Buches, Wolfgang Milch, setzt sich zu Beginn sehr kenntnisreich mit dem Begriff des Selbst im Allgemeinen und bei Kohut im Speziellen auseinander. Der Entwicklung des Selbst in verschiedenen Lebensaltern folgt eine Übersicht über Störungen des Selbst. Der Definition des Begriffs »Selbstobjekt« wird hohes Augenmerk geschenkt. Die Selbstobjekt-Übertragungen werden in ihren verschiedenen Unterformen deutlich gemacht. Pathologische Akkommodationsprozesse lassen das Problem erkennbar werden, dass Therapeuten sich auch unbewusst an einer Ko-Konstruktion pathologischer Gegenwartszustände bei Patienten beteiligen können. Daraus erwächst eine Haltung beim Therapeuten, bei der Therapeutin, sich auch als fehlbar wahrzunehmen und danach zu handeln. Es gibt im intersubjektiven Feld keine Deutungshoheit des Therapeuten, denn nur der Patient hat die »entscheidende Autorität«, wenn es um die Wahrnehmung seiner Subjektivität geht.

Die traditionelle Triebtheorie wurde anhand von aktuellen Forschungsergebnissen der Neuro-, Säuglings- und Kleinkindforschung im Sinne einer multidimensionalen Systemtheorie erweitert. Diese beschreibt fünf Motivationssysteme, die in ihren Beziehungen zum Selbst im Detail vorgestellt werden: Die psychische Regulierung physiologischer Bedürfnisse, Bindung und Zugehörigkeit, Exploration und Selbstbehauptung, Gegenwehr in Gefahrensituationen sowie sinnliches Vergnügen und Sexualität entwickeln sich allesamt in Wechselwirkung mit der versorgenden Umwelt weiter.

Behandlungsziele und kurative Faktoren stehen unter dem Motto »Was hilft in der Selbstpsychologie«? Sie leiten über zu den neuen Entwicklungen der »Intersubjektivität«. Sie werden historisch hergeleitet und sind mit dem Namen Stolorow explizit verbunden. Dieser Psychoanalytiker hielt und pflegte eine freundschaftliche Beziehung zu Kohut, die über einen sachlichen Austausch weit hinausging. Die intersubjektive Theorie als Feld- und Systemtheorie wurde von Stolorow, Brandchaft, Atwood und Orange in die Psychoanalyse eingeführt. Die sich daraus ergebenden Konsequenzen in Theoriebildung, Übertragungsverständnis und Selbstreflexion des Analytikers, der Analytikerin werden sachkundig dargestellt und diskutiert. Grundlegende Prinzipien zur Behandlung von Patienten und Patientinnen werden aus dieser Sichtweise abgeleitet. Schließlich illustriert eine markante Fallgeschichte Wege und Möglichkeiten des zwischenmenschlichen Zugangs und der Veränderung von subjektivem Erleben. Eine stringente Einführung in die Selbstpsychologie, gut lesbar und von hoher klinischer Relevanz.

Franz Resch und Inge Seiffge-Krenke

1 Geschichte der Selbstpsychologie

Heinz Kohut (1913–1981) begründete die psychoanalytische Selbstpsychologie. Er wurde in Wien geboren, musste später nach Chicago emigrieren und wurde dort klassisch psychoanalytisch ausgebildet und lehrte am dortigen Institut. Aus seiner praktischen Arbeit mit Patienten lernte er zunehmend, sich von seinen Ich-psychologischen Theorien kritisch zu distanzieren und vor allem auf das zu achten, was konkret von den Patientinnen und Patienten über ihre inneren Zustände beschrieben wurde. Er war ständig und zeitlebens bemüht, von seinen Patienten zu lernen, wie in einem Interview mit Susan Quinn deutlich wurde (Peters, 2014).

Er stellte zunehmend fest, dass die psychologische Welt eines Anderen nur mit Empathie und Introspektion untersucht werden kann. Verhaltensbeobachtung und auch objektivierende Verfahren (wie heute z. B. das CT oder MRT) sammeln Daten über Menschen von außen und sagen nichts darüber aus, wie sich die Person subjektiv fühlt. Empathie und Introspektion waren Kohuts Instrumente, um mehr über Selbstzustände zu erfahren. Das Selbst organisiert dabei alle Erfahrungen und ist Zentrum des persönlichen Universums.

In seiner analytischen Arbeit legte er deshalb den Fokus auf das Erleben seiner Patienten und deren Beschreibung ihrer Selbstzustände. Dabei ließ er sich von seinen Patienten leiten und nahm auch deren Kritik auf, wenn er theoriegeleitete Deutungen gab. Er verstand zunehmend, wie Patienten ihren Selbstzustand regulieren konnten mithilfe von Erfahrungen mit wichtigen anderen Menschen, und nannte diese Erfahrungen »Selbstobjekte«. Dies sind Erfahrungen, die von »Objekten« ausgehen und auf das Selbst einwirken. Der

Begriff schreibt sich ohne Bindestrich, da es sich dabei um eine Erfahrung handelt, die zwar von »Objekten« ausgeht, aber unmittelbar den Selbstzustand betrifft. »Selbst-Objekt« mit Bindestrich beinhaltet dagegen die Beziehung zwischen Selbst und Objekt. Kohut machte die Erfahrung, dass Patienten regelmäßig Selbstobjekterfahrungen in systematischer Form suchten; die daraus resultierenden Übertragungen verstand er als »Selbstobjektübertragungen«. Mit diesen neuen Ideen konnten Patienten und Patientinnen behandelt werden, die vorher als unbehandelbar galten, wie solche mit narzisstischen Persönlichkeitsstörungen oder manchen psychosomatischen Krankheiten.

Schnell bildete sich um Heinz Kohut ein Kreis von Kollegen und Kolleginnen (wie Paul und Anna Ornstein, Arnold Goldberg, Ernest Wolf, Michael Basch, um nur einige zu nennen). In enger Kooperation und mit gemeinsamen Tagungen entwickelte sich die Gruppe der Intersubjektivisten um Bob Stolorow, John Atwood, Donna Orange und anderen. Die internationale Gemeinschaft ist in der IAPSP (International Association for Psychoanalytic Self Psychology) organisiert und hält weltweit Jahrestagungen ab. In den deutschsprachigen Ländern finden regelmäßig Tagungen in Wien, München und Hannover statt.

2 Der Begriff des Selbst

2.1 Zur Begriffsgeschichte

Nach dem Wörterbuch von Jakob und Wilhelm Grimm (1984, Bd. 16, S. 422 u. 455) ist das Selbst eine erstarrte Reflexionsform und kann als Superlativ des Begriffs »selb« aufgefasst werden, das aus dem Germanischen stammt und das »in sich Verharrende« bedeutet. Das deutet darauf hin, dass das Selbst unserem Leben Kontinuität verleiht. Wird das Wort »selb« mit Artikel gebraucht, dann steht es für die Identität.

William James machte bereits 1890 eine wesentliche Unterscheidung, indem er das Selbst als Agent (»I«) und das empirische Selbst (»me«) unterschied. Damit wurden zwei wesentliche Anteile des Selbst deutlich, die mit der eigenen Aktivität und Selbstwirksamkeit auf der einen Seite und mit dem Erleben und Beobachten des eigenen Selbst und dessen Eigenschaften auf der anderen Seite das Selbst charakterisieren.

2.2 Das Selbst in der Psychoanalyse vor Kohut

Während Freud die Begriffe »Ich« und »Selbst« nicht deutlich unterschied, benutzten seine Nachfolger den Begriff unterschiedlich. Erst nach der Entwicklung der Strukturtheorie durch Freud (1923) wurden »Ich« und »Selbst« unterschiedlich benutzt, wobei das »Ich« zu einer von mehreren psychologischen Strukturen und Instanzen avancierte, während das »Selbst« mehr in seiner reflexiven Bedeutung verwandt wurde. Hartmann (1964) definierte dann innerhalb der Ich-psychologischen Theorie den Begriff des Selbst als Repräsentanz der ganzen Person im Ich. Das Selbst war für ihn gleichbedeutend mit der Person, es unterschied sich sowohl von den Objekten als auch vom Ich als eine übergeordnete Struktur, die alle anderen umfasste. Als Vorläufer der späteren Gedanken Kohuts kann Winnicott (1951/1983) verstanden werden, da er bereits erkannte, dass die Vorstellung von einem Selbst notwendig ist, um das Leben zeitübergreifend verstehen zu können. Schon von Geburt an bestand für ihn eine Kontinuität des (Selbst-)Erlebens, das in eine Matrix von Beziehungen eingebettet ist. Die Voraussetzung für ein starkes Selbst ist eine hinreichend befriedigende Mutter-Kind-Beziehung. Für eine gesunde Entwicklung ist es notwendig, dass sich das Kind über die Stärke seines Einflusses Illusionen machen kann, wenn seine Wünsche hinreichend gut von der Bezugsperson verstanden werden und befriedigt werden können. Damit wandte sich Winnicott schon gegen Freuds Vorstellung, dass Frustration der Motor der Entwicklung sei. Er unterschied ein gesundes, »wahres« Selbst von einem »falschen« Selbst (später bei Fonagy, Target und Gergely, 2000, auf dem Hintergrund der Bindungsforschung »fremdes Selbst«).

2.3 Das Selbst bei Kohut

In seiner klinischen Arbeit versuchte Kohut, möglichst erfahrungsnah mittels Empathie und Introspektion, Selbstzustände zu erfassen. Daraus entwickelte er ein tiefenpsychologisches Konzept, in dem das Selbst sich auf den Kern der Persönlichkeit bezieht und durch Erfahrungen konstituiert wird. Das Selbst besteht aus verschiedenen Anteilen, die Schwerpunkte bilden (Selbstwirksamkeit, Idealisierung und angeborene Talente) und die sich zu einer kohärenten, integrativen und dauerhaften Struktur verbinden, wobei das Selbst nicht hierarchisch aufgebaut ist, sondern wie ein »Orchester ohne Dirigent« (im Unterschied zum Ich, das eine zentrale Rolle innerhalb der Instanzen einnimmt) verschiedene Anteile zum Klingen bringt.

Das Selbst entwickelt sich über verschiedene Vorstufen im affektiven Austausch mit den Bindungspersonen, wobei insbesondere Prozesse der affektiven Einfühlung und Begleitung für die Selbstwerdung des Kindes notwendig sind. Damit erhält das Selbst eine Geschichte, zunächst »nur« in den Vorstellungen der werdenden Eltern über ihr ungeborenes Kind, weiter im Auftauchen eines ersten Selbstgefühls, der Entstehung und Konsolidierung des Selbst, der Selbstentwicklung im Verlauf des Lebenszyklus, dem Ende des Selbst als Schlusspunkt des Lebensschicksals und darüber hinaus als posthumes Selbst in den Erinnerungen und Erzählungen der Nachwelt. Das Selbst bleibt im Lebenszyklus über längere Zeitspannen konstant und verändert sich nur allmählich. Zu den Kernaufgaben des Selbst gehört, ein Zentrum der Initiative zu sein, ein Empfänger von Eindrücken und Ort individueller Konstellationen von Ambitionen, Idealen, Talenten und Fertigkeiten. Das Selbst entsteht in einem Wechselspiel zwischen ererbten und angeborenen Faktoren, den Einflüssen der Umwelt und den frühen und späteren Objekterfahrungen.

Das Selbst ist in seiner Grundstruktur, dessen Essenz nicht erfahrbar ist (Kohut, 1977), nur über seine Manifestationen zu erfassen: Im Zustand von Wohlbefinden, Kohäsion und Vitalität bleibt das Selbst unsichtbar, dagegen spüren wir es bei Störungen in Form von mangelnder Kohärenz bis hin zur Fragmentierung (ähnlich wie das Auge bei ungetrübtem Blick auch nicht wahrgenommen wird). Es ist erst über seine pathologischen Manifestationen erlebbar, zum Beispiel bei Angstzuständen, narzisstischer Wut, dissozialem Verhalten, Perversionen, Sucht, suizidalem Verhalten, psychosomatischen Symptomen oder psychotischen Zuständen. Die Störung des Selbst kann im Vordergrund stehen wie bei der narzisstischen Wut oder mehr im Hintergrund eine Bedeutung haben wie bei neurotischen Patienten mit einer Konfliktpathologie.

Kohut hielt zwei Erfahrungswelten für das werdende Selbst des Kindes für wesentlich. Es handelt sich zum einen um Erfahrungen der Selbstwirksamkeit, der Fähigkeit, die eigene kindliche Welt zu beeinflussen und darauf spiegelnde Rückmeldungen zu erhalten. Auf der anderen Seite stehen Erfahrungen mit allmächtig erlebten Bindungspersonen, an deren Größe und Macht Anteil genommen werden kann und die idealisiert werden. Aufgrund seiner klinischen Beobachtungen postulierte Kohut deswegen eine *bipolare Struktur des auftauchenden Selbst*. Danach bilden die Erfahrungen im Laufe ihrer Entwicklung zwei unterschiedliche Schwerpunkte, je nachdem, ob sie spiegelnde oder idealisierende Qualitäten enthalten. Kohut nahm an, dass dort, wo sich *spiegelnde Erfahrungen* niederschlagen, sich der Pol herausbildet, der die Bedürfnisse nach Bestätigung enthält und aus dem das Grundstreben nach Macht und Erfolg hervorgeht. In dem anderen Pol kristallisieren sich die *idealisierenden Erfahrungen* heraus, sodass sich dort später die grundlegenden Ideale wiederfinden und der Wunsch, selbst idealisiert zu werden (z. B. auch für andere Vorbild zu sein).

In der therapeutischen Situation leben bei dem erwachsenen Patienten die spiegelnden und idealisierenden Bedürfnisse in Form spezifischer Übertragungen wieder auf, die auch *Selbstobjektübertragungen* genannt werden. Diese entwickeln sich entsprechend der bipolaren Struktur des Selbst, je nachdem, ob es sich um Erfahrungen mit Spiegelung (Bestätigung, Stärke, Erfolg und Effektanz) oder mit den basalen Idealen handelt (Selbstobjektübertragungen, s. u.). In dem zwischen beiden Polen befindlichen Bereich lokalisiert Kohut Talente und Fertigkeiten, also angeborene Fähigkeiten, die – so wie sie sich im Laufe des Lebens realisieren lassen – sich sowohl auf die Selbstwirksamkeit als auch auf Ideale und den Wunsch, von anderen idealisiert zu werden, auswirken (Kohut u. Wolf, 1978; siehe Abbildung 1).

Ein gesundes, ausgewogenes, integriertes Selbst setzt eine Entwicklung in jedem dieser Pole und eine dynamische Beziehung zwischen ihnen voraus. Die gesunde Weiterentwicklung des Größenselbst (Pol der Spiegelung) führt zur Selbstbehauptung und Selbstachtung, eine krankhafte Entwicklung zum Beispiel zu suizidalem Verhalten, Arbeitsstörungen und Genussunfähigkeit. Eine gesunde Entwicklung des Pols der Ideale führt zu fest verankerten Werten und Idealen sowie einer

Fähigkeit zur Selbstberuhigung (z. B. sich über eine idealisierte Bindung beruhigen zu können). Eine krankhafte Entwicklung in diesem Pol führt zu Angst, Sucht, Kriminalität und Perversion. In diesem Modell sind auch die angeborenen Fertigkeiten und Talente für die innere Ausgewogenheit von wesentlicher Bedeutung. Musikalität, sportliche Fähigkeiten, handwerkliches Geschick oder intellektuelles Vergnügen können diesen Talenten Ausdruck verleihen und führen zu Unglück und Depressivität, wenn sie nicht entwickelt und gelebt werden können.

Wolf (1988) führt verschiedene Beispiele für ein Ungleichgewicht im Selbst an: Bei charismatischen Menschen herrschen Ambitionen vor, sie suchen die Macht, während messianische Persönlichkeiten in charakteristischer Weise einen dominierenden Pol der Ideale haben und idealisiert werden wollen. Beide gehen aber über Bedürfnisse und Wünsche ihrer Umwelt hinweg und sind nur unzureichend in der Lage, einfühlsam mit anderen Menschen umzugehen. Die farblose Persönlichkeit des »Bürokraten« zeichnet sich dadurch aus, dass sie ein übermäßiges Gewicht auf Talente und Fertigkeiten legt auf Kosten von Ambitionen und Idealen. Wolf hielt einige der führenden Funktionäre der nationalsozialistischen Parteimaschine für solche »organization men«, die als Bürokraten auf den ersten Blick unauffällig schienen, aber an unsagbar schrecklichen Taten beteiligt waren. Ihnen war die Pünktlichkeit des Zuges wichtiger als das Leid der Menschen in den Waggons, die deportiert wurden. Sie galten als gute Familienväter und waren weder auffällig ehrgeizig, besonders gut bezahlt oder auf ihren persönlichen Vorteil bedacht, noch vertraten sie besonders leidenschaftlich ihre Wertvorstellungen oder wurden durch Orden hervorgehoben. Sie schienen oft einfach farblos und uninteressant; die unsagbar schrecklichen Taten, die sie in gewaltigem Umfang begingen, schienen nicht zu dem unauffälligen Leben zu passen, das sie privat führten. »Wenn sie allerdings eine herausragende Eigenschaft gemeinsam hatten, so war es vielleicht die, dass sie sich bedenkenlos und ohne jede Kritik den Organisationen widmeten und hingaben, denen sie angehörten und deren Ziele sie vollständig zu ihren eigenen machten« (Wolf, 1988; dt. 1996, S. 76).

Therapeutisch kann dieses Konzept des Selbst in Krisensituationen, wenn sich das Selbst in Auflösung befindet, genutzt werden, indem die Erfahrungen in den drei hauptsächlichen Selbstanteilen gestärkt werden: Die Selbstwirksamkeit kann beispielsweise nach einem Suizidversuch bei einem Menschen gestärkt werden, indem man gemeinsam Wege entwickelt, wie durch eigene Aktivitäten seine Situation verbessert werden kann. Im Extremfall können bei einem akut suizidalen Menschen der Suizid und die Beerdigung imaginiert werden mit all den Reaktionen wichtiger Mitmenschen. Die Imagination macht in der Regel deutlich, wie wichtig der Einfluss des Betreffenden auf seine Umgebung war und dass die anderen nach dem Suizidversuch sehen, wie sehr er gelitten hat. Es entsteht dann doch noch ein heilsames Gefühl der Selbstwirksamkeit.

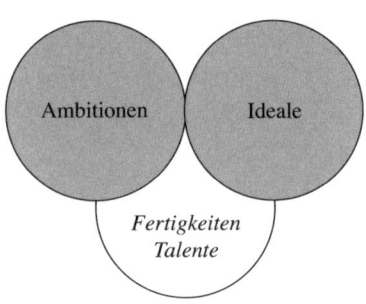

Abbildung 1: Die Pole des Selbst nach Kohut

Der Pol der Ideale kann unterstützt werden, wenn Patientinnen und Patienten das Gefühl bekommen, zu jemandem in Therapie zu gehen, der kompetent ist, ihnen helfen kann und zu dem sie aufschauen können. Das ist dann die Voraussetzung, wieder an sich selbst glauben zu können.

Auch der dritte Bereich, derjenige der Fähigkeiten und Talente, kann helfen, sich selbst wieder zu beruhigen, Freude an den eigenen Fähigkeiten zu entwickeln und sich zu spüren. Als Beispiele können sportliche Aktivität, Musizieren, kreatives Schreiben oder handwerkliche Tätigkeiten angeführt werden, die zu einer Selbstberuhigung führen.

Der Kleinkindforscher Daniel Stern (1985) beobachtete verschiedene Stadien der Entwicklung des Selbstempfindens und unterschied das auftauchende Selbst, das Empfinden eines Kernselbst, das Empfinden eines subjektiven Selbst und das verbale Selbst. Das Erleben des Selbst differenzierte er in ein soziales, privates und verleugnetes Selbst und unterschied davon noch mal die »Nicht-Ich-Erfahrungen«. In neuerer Zeit beschrieben Peter Fonagy et al. (2000) ein das Selbst suchendes Verhalten des Babys und die Entstehung des Selbst aus Bindungserfahrungen, die später zu speziellen Reflexionsfunktionen (»Mentalisierung«) befähigen.

3 Die Entwicklung des Selbst in verschiedenen Lebensaltern

Die ersten Vorstellungen des Selbst entwickeln Eltern schon, wenn sie sich ein Kind wünschen oder in der Schwangerschaft. Dieses *virtuelle Selbst* hat Einfluss auf die späteren Reaktionen der Eltern auf das Kind. Das auftauchende Selbst des Babys entsteht als eine rudimentäre Selbststruktur, die den Ursprung des »Kernselbst« bildet. Darin ist eine einzigartige Konfiguration enthalten, die dem Selbst im späteren Leben eine charakteristische und individuelle Richtung gibt, die in ihrem lebenslangen Entwicklungsprozess als *Lebensentwurf* (oder inneres Design) bezeichnet wird (Wolf, 1988). Nach Köhler (in Hartmann, Milch, Kutter u. Paál, 1998) ist das Selbst von Geburt an ein Motor für die Entwicklung und gewinnt auch über spannungsvolle gemeinsame Erfahrungen (»Zerbrechen und Wiederherstellen« der Einheit des Mutter-Kind-Systems) langsam Kontur. Über mehr oder weniger gelingende Selbstobjekterfahrungen gelingt es dem Kind, die Funktionen der Bezugspersonen zunehmend zu integrieren, eigene Fähigkeiten zu entwickeln, sich abzulösen und im Besitz einer relativen Autonomie sich seiner selbst bewusst zu werden.

In jeder Lebensphase muss ein Mensch bestimmte Aufgaben und Anforderungen bestehen. Auch bei müheloser Bewältigung früherer Anforderungen kann er durch die Wechselfälle des Lebens gegenüber den speziellen Anforderungen in einer späteren Lebensphase nur ungenügend gewappnet sein und eine manifeste Störung entwickeln. Besonders krisenanfällige Zeiten im Lebenszyklus sind die Einschulung, die Pubertät, das Verlassen des Elternhauses, die Heirat, der Beginn der Berufstätigkeit, die Mitte des Lebens, die Berentung und die Vereinsamung im hohen Alter.

4 Selbststörungen

Pathologische Selbstzustände äußern sich in Veränderungen der Selbstwahrnehmung, wobei das Selbst in der Regel nur in gestörten Zuständen erfahrbar ist. Kohut (1971; dt. 1976) beschrieb drei wesentliche Komponenten einer Selbststörung:
- eine diffuse Störbarkeit der Spannungsregulation und der Selbstberuhigung bei Aufregung;
- eine Sexualisierung/Aggressivierung bei Überforderung der selbstberuhigenden und spannungsregulierenden Fähigkeiten;
- die Mobilisierung eines reaktiv grandiosen Selbst als Reaktion auf narzisstische Verletzungen.

Von Kindheit an kann ein Selbst *unterstimuliert* bleiben, wenn die stimulierende Responsivität der kindlichen Selbstobjekte unzureichend war. Menschen klagen dann später über einen Mangel an Vitalität, sie erleben sich als leblos und langweilig. Manchmal suchen sie erregende Erfahrungen, um diesem Mangel entgegenzuwirken und gegen das quälende Gefühl eigener Leblosigkeit anzukämpfen. Deutliche Beispiele dafür sind: mit dem Kopf gegen harte Oberflächen schlagen, sich schneiden, zwanghaft masturbieren, sich lebensgefährlichen Aktivitäten aussetzen, Arbeitssucht, perverses Sexualverhalten, Spielsucht, Drogen- und Alkoholmissbrauch oder auch Risikoverhalten im geschäftlichen und privaten Bereich.

Beim *überstimulierten Selbst* bleibt dieses in einem Zustand ständiger Übererregung, was als Reaktion andauernden Erlebens überzogener und unangepasster Reaktionen der Bindungspersonen auftreten kann. Menschen mit einer solchen Selbststörung haben Angst, von der Spannung überwältigt zu werden, in die sie sich durch Phantasien von eigener oder fremder Großartigkeit versetzen können. Als Folge werden diese Menschen häufig reaktiv schüchtern oder es fehlt ihnen die normale Fähigkeit, mit Begeisterung ein Ziel zu verfolgen.

Das *überlastete Selbst* geht auf nicht ausreichende Gelegenheiten zurück, mit der Ruhe eines als omnipotent erlebten Selbstobjekts verschmelzen zu können. Es besteht ein Mangel an selbstberuhigender Struktur, die uns davor schützt, von heftigen Emotionen überflutet zu werden. Schon leichte Stimuli verursachen schlimme Aufregung, und die Umwelt wird deswegen als gefährlich erlebt. Bei Menschen mit überlastetem Selbst lässt sich häufig eine somatische Übererregbarkeit (z. B. Migräne) beobachten.

Eine Neigung zu *Fragmentierungen des Selbst* (fragmentiertes Selbst) kann entstehen, wenn in der Kindheit integrierende Reaktionen der Bindungspersonen auf das auftauchende infantile Selbst fehlten, sodass das Selbst anfällig wurde, die eigene Kohäsion zu verlieren. Das fragmentierte Selbst äußert sich in einer narzisstischen Verletzlichkeit, verbunden mit dem Gefühl innerer Labilität wegen der Störbarkeit der Empfindung für die Kontinuität des Selbst und eigener reibungsloser psychischer Funktionen. Solche Menschen sind häufig sehr ängstlich und beobachten sich hypochondrisch, äußerlich wirken sie in Auftreten, Gang und Sprache manchmal ungeschickt und schwerfällig.

5 Das Selbstobjekt

Das Konzept des Selbstobjekts ist sicherlich die Vorstellung, die am nachhaltigsten Fortbestand hat und auch in den allgemeinen Diskurs der Psychoanalyse Eingang gefunden hat. Kohut (1971) führte den Begriff des Selbstobjekts ein und verstand darunter diejenige Dimension im Erleben von einem Mitmenschen, die mit dessen Funktion als Stütze des eigenen Selbst verbunden ist. Allgemein handelt es sich um einen emotionalen Aspekt unserer menschlichen Umgebung, vergleichbar mit dem Gefühl, wenn wir als Kind von einer Bindungsperson beruhigt wurden. Später kann eine solche Erfahrung in uns ausgelöst werden, wenn wir beispielsweise eine starke emotionale Erfahrung mit jemandem teilen oder von einer idealisierten Person wertgeschätzt werden. Es handelt sich um Erfahrungen, die Einfluss auf das Selbst nehmen, diese werden allgemein als Selbstobjekterfahrungen oder verkürzt *Selbstobjekte* bezeichnet. Diese speziellen Erfahrungen gehen zwar von Personen aus, es ist mit dem Begriff aber nicht die Person gemeint. Das Selbstobjekt ist der subjektive Aspekt einer das Selbst erhaltenden und fördernden Funktion, die durch die Beziehung zwischen Selbst und Objekt ermöglicht wird. Beim Selbstobjekt handelt es sich sowohl um eine Erfahrung als auch um eine innere Fähigkeit, Selbstobjekterfahrungen für die eigene Kohäsion und Integration zu nutzen. In diesem Sinn kann das internalisierte Selbstobjekt auch als eine psychische Struktur verstanden werden (Wolf, 1988). Konkret können solche Funktionen von anderen Menschen, Tieren, Dingen, Phantasien oder vom Erleben eigener Selbstwirksamkeit ausgehen.

Kohut verstand das Selbstobjekt als einen speziellen Aspekt jeder Objektbeziehung, die emotionale Stabilität für die Selbstkohärenz bereitstellt, und unterschied diesen Aspekt der Objektbeziehung von Beziehungen eines kohäsiven Selbst mit abgegrenzten Objekten, die aufgrund ihrer objektalen Eigenschaften benötigt werden oder Konflikte auslösen. Stolorow und Lachmann (1985) konnten später zeigen, dass beide Aspekte miteinander verbunden sind und wechselhaft mal der eine im Vordergrund steht und mal der andere. Danach geht die Selbstobjektdimension zwischenmenschlichen Erlebens in alle Beziehungen mit ein. In einem Vortrag vergleicht es Shelley Doctors (2018) mit dem Wetter, das unsere Gestimmtheit beeinflusst. Die unterschiedlichen Dimensionen sollen an einem weiteren Beispiel verdeutlicht werden:

Eine Uhr bleibt stehen und die Batterie wird in einem Warenhaus ohne größeren Kommentar ausgetauscht und bezahlt. Eine andere Uhr, die eines Uhrensammlers, bleibt ebenfalls stehen und der Uhrensammler sucht seinen Uhrmacher auf, der den Schaden behebt. Anschließend tauschen sich beide Männer ausgiebig über Uhren aus. Als der Mann das Geschäft verlässt, geht seine Uhr nicht nur wieder, sondern er geht mit einem Gefühl geteilten, vitalisierenden Interesses. Es kann sein, dass die Nachricht, dass das Geschäft aufgelöst wurde, eine Auswirkung auf das innere Befinden des Uhrensammlers hat und sich ein Gefühl der Leere einschleicht.

Eine persönliche Erfahrung: An einem Samstag machte ich meine Einkäufe in der Fußgängerzone, in der sich um diese Zeit zwei Kolonnen von Menschen aneinander vorbeischoben. Ein von mir geschätzter Freund tauchte in der entgegenkommenden Menschenmenge auf, schaute mich geistesabwesend kurz an, zeigte kein Zeichen des Wiedererkennens und war dann schon wieder in der Masse verschwunden. Mein unangenehmes Gefühl dabei führte ich auch auf den momentanen Verlust einer Selbstobjektfunktion zurück.

6 Das Konzept des Selbstobjekts in der klinischen Anwendung

Durch das empathische Eingehen auf die Welt des Patienten werden dessen innere Kohäsion und Fähigkeit zur Selbstregulation gefördert. Auch die übliche analytische Arbeit in unterschiedlichen psychoanalytischen Schulen führt zu einer Wiederherstellung des Selbst und zu einer Reorganisation der symbolischen Repräsentanzen, das heißt, die Heilung durch ein Selbstobjekt geht mit ein, auch wenn es nicht reflektiert wird. Kohut erklärte damit die Wirksamkeit unterschiedlicher psychoanalytischer Schulen.

Das empathische Verständnis und die Responsivität des Therapeuten oder der Therapeutin können vom Patienten oder der Patientin als spiegelnde Erfahrung, als Erfahrung mit einem Alter Ego, als eine Erfahrung der Gleichheit und als idealisierende Erfahrung erlebt werden. In der normalen Entwicklung ist der Begriff des Selbstobjekts mit einem Entwicklungsstadium verbunden, in dem das Selbst und die Bindungsperson noch unabgegrenzt sind. Diese Erfahrungen sind später mit anderen Personen, Selbstaktivitäten (Selbstwirksamkeit), Phantasien, einer haltenden Umwelt, Tieren oder auch mit spezifischen Objekten, etwa Übergangsobjekten wie Teddys oder Babydecken, möglich. Die Selbstobjekte verändern sich im Lebenszyklus und können und müssen im therapeutischen Prozess je nach Situation neu bestimmt werden. Wichtige Ressourcen für diese Erfahrungen sind Phantasie und Humor.

Bei krankhafter Entwicklung und bei pathologischen Selbstzuständen kann die Selbstregulation nicht über Selbstobjekte erreicht werden, die Selbstkohäsion wird dann durch eigene Verletzung, Verletzung von anderen, verschiedene körperliche Stimulationen, stimmungsverändernde Drogen, sexuelle Erregung oder Risikoverhalten gesucht. Es handelt sich um suchtartige seelische oder körperliche Erfahrungen, die in der Regel zeitweise und unzureichend der Kohäsion des Selbst Auftrieb geben, die aber auf Dauer die initiierenden, organisierenden und integrierenden Kapazitäten des Selbst schwächen und zu Zusammenbrüchen führen können. Meistens führen sie zu Selbstschädigungen. Häufig halten Patientinnen und Patienten an alten Verhaltensweisen mit pathologischen Selbstobjekterfahrungen fest, weil sie frühere pathologische Erfahrungen wiederholen, ein Objekt oder eine Substanz benötigen, das der Erleichterung oder Beruhigung dient, häufig mit einer Phantasie, die gleichfalls erleichtert oder beruhigt, unabhängig von der Genese des Defizits oder des Konflikts (siehe Kapitel 6.2: Pathologische Akkommodation).

Als Konzept für das Auftauchen einer frühen Selbstorganisation hat das Selbstobjekt zwar mit dem Erleben einer konkreten Person zu tun, die Erfahrung ist aber mit einem Objekt, das unabgegrenzt erlebt wird und dessen Nähe zu einer intrapsychischen Erfahrung der inneren Beruhigung führt. Nach Stolorow, Brandchaft und Atwood (1987) ist das Selbstobjekt die subjektive Dimension einer Erfahrung mit einem Objekt, das subjektiven Bedürfnissen dient und zu dem die Beziehung mit einer spezifischen Bindung einhergeht, sodass die Organisation des Selbsterlebens aufrechterhalten, wiederhergestellt oder gefestigt wird. Es handelt sich damit um eine wesentliche heilsam wirkende intersubjektive Erfahrung, die für beide Beteiligte eine stabilisierende Funktion hat. Die kontinuierliche dynamische Erfahrung, die aus der komplexen Interaktion zwischen Analytiker und Analysand entsteht, wird zu einem integralen Bestandteil des fortlaufenden therapeutischen Prozesses, der eine »korrektive Selbstobjekterfahrung« eines »selbstregulierenden Anderen« ermöglicht (Bacal, 1985). Damit kann es vom Subjekt benutzt werden im Dienste seines Selbst (Lichtenberg, 1991b), wobei es sich um ein prästrukturelles Phänomen handelt, das durch eine intrapsychische affektive Erfahrung hervorgerufen wird, durch den Beziehungs- und intersubjektiven Kontext verankert wird und zu symbolischen Repräsentanzen führen kann. Für Lichtenberg, Lachmann und Fosshage (1996) sind die grundlegenden Erfahrungen von motivationalen Systemen (siehe Kapitel 7) mit basalen Bedürfnissen verbunden, die als angeborene Programme der regulativen Bemühungen von Bindungspersonen bedürfen, um zur Selbstregulation zu führen.

Die vitalisierenden Auswirkungen der Abstimmungen (»attunements«) im Erleben eines Selbstobjekts fördern maßgeblich die Selbstkohäsion und die Fähigkeit zur Selbstregulation. Da empathische Responsivität vitalisierend und als das Selbst festigend erlebt wird, bereiten damit Therapeuten den Boden für Selbsterfahrungen bei Patienten, die sich als unabgegrenzt erleben (Lichtenberg et al., 1996). Förderlich für diesen Prozess sind die innere Beteiligung, Freundlichkeit und Verlässlichkeit des Therapeuten, das Verständnis der ganzen Bandbreite der beteiligten Motivationen, das empathische Sicheinlassen auf die Welt der Wünsche, Ziele, Ansichten, Werte und Konflikte des Patienten und ein Bemühen, mit den Interventionen die Kohäsion des Selbstgefühls zu verbessern. Für viele Patienten und Patientinnen handelt es sich um eine einmalige Chance, diese Erfahrungen doch noch machen zu können. Im Gegenzug fühlt sich der Therapeut oder die Therapeutin als hilfreich und kompetent im Sinne der Selbstwirksamkeit und macht auch eine Selbstobjekterfahrung.

6.1 Selbstobjektübertragungen

Die präsente und empathische Art einer Therapeutin, die als Gegenüber auch interaktiv erlebt werden kann, lässt bei ihrem Patienten oder ihrer Patientin alte Selbstobjektbedürfnisse wieder wach werden. Das Erleben, von einer als kompetent eingeschätzten Person in wertschätzender und achtsamer Weise »behandelt« zu werden, ruft zu Anfang einer Behandlung häufig idealisierende Selbstobjektbedürfnisse hervor. Auf der Suche nach vitalisierenden, beruhigenden und innere Sicherheit vermittelnden Erfahrungen gehen Patienten bestimmte Übertragungen mit Therapeuten ein, die den therapeutischen Prozess besonders in den frühen Behandlungsphasen und bei bestimmten Krankheitsbildern grundlegend bestimmen.

6.1.1 Drei grundlegende Formen der Selbstobjektübertragung

Kohut (1984) beschrieb drei wesentliche Formen: die Spiegel-Übertragung, die idealisierende Übertragung und die Zwillings- oder Alter-Ego-Übertragung.

Bei der *Spiegel-Übertragung* werden freudige Reaktionen durch relevante Bindungspersonen gesucht, durch die sich der Patient in seiner eigenen Erfahrungswelt bestätigt und beruhigt fühlen kann. Die Patientin spürt durch die Spiegelung unter anderem die eigene Selbstwirksamkeit. Die Spiegelung führt zu einem besseren Selbstwertgefühl, Selbstrespekt und der Fähigkeit angemessener Selbstbehauptung. Theoretisch wird durch die Spiegel-Übertragung der geschädigte Pol der Ambitionen (Strebungen) durch eine korrektive Erfahrung stabilisiert.

Das Bedürfnis nach *Idealisierung* äußert sich in dem Bedürfnis, den Analytiker oder die Analytikerin als eine ideale Person zu erleben, mit der es möglich ist, sich zu identifizieren und geteilte stabile Ideale aufzubauen. Dies führt zu einer Beruhigung und einem Gefühl des Beschütztwerdens durch ein idealisiertes mächtiges Objekt, mit der Folge einer wachsenden Fähigkeit zu einem angemessenen Umgang mit innerer Erregung und zur Selbstberuhigung. Theoretisch sucht die idealisierende Übertragung den geschädigten Pol der Ideale durch die Erfahrung mit einer die Idealisierung annehmenden Bindungsperson zu stärken.

Das Bedürfnis nach *Gleichheit und Zugehörigkeit* (Alter-Ego, Zwilling) zeigt sich in dem Wunsch nach geteilten Interessen und Aktivitäten mit dem Therapeuten oder der Therapeutin, von denen in solchen Phasen der Therapie ein Gefühl des Patienten von Gleichheit und Zugehörigkeit ausgeht. Der nachhaltige Wunsch, eine Heimat zu finden, kann von diesem Pol ausgehen. Theoretisch (nach Kohut) sucht der Patient den geschädigten Bereich der Begabungen und Fertigkeiten durch korrektive Erfahrungen mit einer Bindungsperson zu kompensieren, die sich durch die Erfahrung essenzieller Ähnlichkeit auszeichnet.

Die Selbstobjektübertragungen sind bei jedem Patienten, jeder Patientin individuell geprägt und sind charakteristisch für die therapeutische Dyade, da auch die Selbstobjektbedürfnisse des Therapeuten oder der Therapeutin in diesen Prozess mit eingehen. Es handelt sich in der Regel um Entwicklungsbedürfnisse aus der Kindheit, die nicht angemessen beantwortet wurden und sich durch neue gemeinsame Erfahrungen weiterentwickeln. Im Gegensatz zum traditionellen Verständnis von Übertragung als einem regressiven Phänomen und als Konzept defensiver Projektionen des Patienten im Sinne pathologischer Wahrnehmungen von Objekten der Vergangenheit handelt es sich hier um neue Erfahrungsdimensionen, die der Selbstorganisation dienen. In diesem Sinn ist nach Stolorow et al. (1987) die Selbstobjektübertragung ein Zeichen für die wachsenden organisierenden psychologischen Strukturen, die Patient und Therapeut in der Analyse gemeinsam entwickeln.

6.1.2 Unterformen der Selbstobjektübertragungen

Neben den drei grundlegenden Formen der Selbstobjektübertragung, die Kohut (1984) auf die drei getrennten Entwicklungslinien des Selbst bezog, wurden verschiedene andere Unterformen beschrieben:

Die *Kreativitäts-Übertragung* als Sonderform der Alter-Ego-Übertragung beschreibt das Bedürfnis eines kreativ schaffenden Menschen nach Verschmelzung mit einem idealisierten Selbstobjekt, das an seiner kreativen Arbeit intensiv teilhat. Häufig ist dieses Bedürfnis auf die Zeit einer anspruchsvollen kreativen Arbeit begrenzt und schwindet, nachdem die kreative Aufgabe beendet wurde (als Beispiel können Picasso und Braque in der »Blauen Periode« dienen, in der sie sich regelmäßig besuchten, sich Anregungen gaben und gemeinsam ihre Kunst entwickelten. In dieser Periode ihres Schaffens sind ihre Bilder zum Verwechseln ähnlich).

Die *Verschmelzungs-Übertragung* ist eine Sonderform der Spiegel-Übertragung und kann als Wiederherstellung einer Erfahrung von

Einheit mit einer Bindungsperson beschrieben werden, indem für Momente die Verschmelzung mit einer allmächtig erlebten Person gesucht wird. Klinisch kann sich die Verschmelzungs-Übertragung darin zeigen, dass der Patient erwartet, der Therapeut solle kein Zentrum eigener Initiative sein, sondern ganz in den Wünschen und Bedürfnissen des Patienten aufgehen. Aus Sicht des Patienten wird er wie eine Verlängerung des eigenen Selbst, ein eigener Gegenstand oder ein Körperteil behandelt (in der Literatur wird ein Sekretär häufig als »rechte Hand« der prominenten Person bezeichnet). Manchmal soll sich der Therapeut so sehr in die Bedürfnisse und Gedanken des Patienten hineinfühlen, dass dieser von ihm erwartet, sie zu kennen, ohne dass sie explizit verbal geäußert wurden (»Wie die Luft zum Atmen«, Wolf, 1988; dt. 1996). Als Beispiel äußerte eine Patientin wiederholt: »Na, Herr Doktor, Sie wissen schon!« Ich selbst wusste allerdings nichts, da sie vorher nicht über das Thema gesprochen hatte. In anderen Fällen kann sich die Verschmelzungs-Übertragung in einer starken Abwehr äußern, um nicht wieder in Gefahr zu geraten, dass die subjektiv lebenserhaltenden Erfahrungen missachtet werden.

Die *adversive Selbstobjektübertragung* äußert sich in einem Bedürfnis nach einer unterstützenden, aber in Opposition stehenden Bindungserfahrung, wobei der Patient im Selbstobjekt eine Kraft sucht, die sich (manchmal schmerzhaft, aber dennoch wohlwollend) abgrenzt und trotz der Abgrenzung freundlich, unterstützend und responsiv bleibt. Beispiele dafür sind Kleinkinder, die auf Angebote mit »Nein« antworten und sich selbst autonom erleben wollen in dem Bedürfnis, dass die eigene Autonomie responsiv akzeptiert wird. Ein anderes Beispiel sind Pubertierende, die sich bei einem Verbot erst einmal auflehnen, dann aber beruhigt reagieren.

Effektanz-Erfahrungen beschreiben die Suche nach der Erfahrung von Selbstwirksamkeit: Eine Handlung ermöglicht dem Selbst, auf einen Anderen einzuwirken, in dem dann durch die eigene Initiative etwas ausgelöst wird. Das Bedürfnis nach Selbstwirksamkeit besteht in dem Erleben vom Einfluss auf das Selbstobjekt und der Fähigkeit, Selbstobjekterfahrungen selbst hervorzurufen. Das Wesen dieses Phänomens besteht damit darin, dass das Selbst die vitalisierende Erfahrung sucht, in einem Anderen etwas zu bewirken, indem es diesen aktiv beeinflusst. 1905 beschrieb bereits Freud (S. 93) einen »Bemächtigungstrieb«, der dieser Erfahrung ähnlich ist. Später (1913, S. 448) schreibt er: »Die Aktivität wird von einem Bemächtigungstrieb beigestellt, den wir eben Sadismus heißen, wenn wir ihn im Dienste der Sexualfunktion finden.« Später spekuliert er über einen Zusammenhang mit dem Fort-Da-Spiel bei Kindern: »Dieses Bestreben könnte man einem Bemächtigungstrieb zurechnen, der sich davon unabhängig macht, ob die Erinnerung an sich lustvoll war oder nicht« (Freud, 1920, S. 14).

Das Verständnis für Selbstwirksamkeit wird auch durch die Ergebnisse der modernen Säuglingsforschung unterstützt durch die Beobachtung, dass die Lust, etwas zu bewirken, eine Rolle bei der Konsolidierung des Selbsterlebens spielt (Lichtenberg, 1991a).

Phantasie-Selbstobjekte können als psychisch lebensrettende Reaktionen auf ein Trauma oder eine Mangelsituation verstanden werden im Sinne einer kreativen Illusion (Winnicott), die entworfen wird in einer Umwelt, die auf die spezifischen Selbstobjektbedürfnisse des Individuums nicht adäquat eingeht und diese beantwortet. In der Phantasie wird das Selbst um einen phantasierten Gefährten bereichert, der Selbstobjekterfahrungen ermöglicht. Solche phantasierten Gefährten finden sich etwa häufig in Kinderbüchern (z. B. »Karlsson vom Dach« von Astrid Lindgren). Sie erschließen bei einer frustrierenden Realität einen inneren Möglichkeitsraum und somit eine andere Dimension der Erfahrungen als die mit verfügbaren Menschen. Gerade wenn es notwendig ist, sich auf eine individuelle Weise zu stabilisieren, ohne dabei über eine Therapie zu verfügen oder auch sich in eine psychotische Privatwelt zurückziehen zu können, ermöglichen die Phantasie-Selbstobjekte eine Stabilisierung (z. B. in einer deprivierenden Situation wie im Gefängnis). Dieser Phantasieraum lässt Platz für Illusionen, vorgestellte Gefährten, das Phantasie-Selbst, Übergangsobjekte und für die Imagination empathischer Reaktionen.

Ein Patient berichtete, dass er als Kind als Strafe für Stunden in einen Kartoffelkeller gesperrt wurde. Er entwickelte die Phantasie, die Kartoffeln wären Autos, und spielte »selbstvergessen« damit. Zur Verwunderung der Mutter fand sie ihn vergnügt vor, als sie ihn wieder freilassen wollte.

Im Rahmen der Selbstobjektübertragungen entwickeln Patienten häufig einen Widerstand dagegen, Selbstobjektbedürfnisse zu äußern oder sich ihrer überhaupt bewusst zu werden. Allerdings erleichtert die Deutung der Widerstände die spontan auftretenden Selbstobjektbedürfnisse, die Mobilisierung dieser potenziell heilsamen Übertragungsform. Mit zunehmender Regression vertraut der Patient den Fähigkeiten und der Bereitschaft des Therapeuten, die benötigten Selbstobjektfunktionen zu übernehmen. Tauchen Widerstände dagegen auf, so sollte der Therapeut oder die Therapeutin sie ansprechen. Widerstand wird in dem Sinne verstanden als eine Furcht, erneut verletzt zu werden (Wolf, 1988).

6.2 Pathologische Akkommodation

Selbstobjekterfahrungen können auch auf selbstschädigende und damit pathologische Weise gesucht werden (Brandchaft, Docters u. Sorter, 2015). Sequenzen des Miteinanders im Sinne von Stern (1993) werden zunächst hergestellt, in die dann Sequenzen dramatischer Fehlabstimmungen einbrechen. Die Episoden von Fehlabstimmungen bilden die Grundlage innerer Arbeitsmodelle, die das Verhalten in allen wichtigen Beziehungen organisieren, später sogar unglücklicherweise die Beziehung zu eigenen Kindern (siehe auch Fonagy, Steele, Steele, Higgitt u. Target, 1994). Die Trigger, die auf das frühere Trauma zurückgehen, werden begleitet von Gefühlen innerer Leere, Unruhe und Angst. Dem Zustand zunehmenden Unglücks versucht das Kind und später der Erwachsene damit zu begegnen, dass es zwanghaft versucht, sich völlig auf die psychische Strukturierung der Bezugspersonen einzustellen.

Die charakteristischen Muster traumatischer Systeme pathologischer Akkommodation entstehen schon bei der Bildung der Grundzüge einer Persönlichkeit. Aspekte der kindlichen Entwicklung werden in ein verstrickendes Programm aufgenommen, dem eine den innersten Erfahrungen des Kindes fremde Realität zugrunde gelegt wird, wobei das Kind gezwungen wird, dem fremden Programm zu folgen, weil es angeblich seinem Besten dient.

Ähnlich wie die Organisation der Erfahrungen des Kindes auf die wechselseitige Regulierung von Kind und Bezugsperson zurückgeht, kann auch das System Patient und Therapeut als eine untrennbare psychologische Einheit verstanden werden. Die in der Therapie auftauchenden unveränderlichen unbewussten organisierenden Prinzipien des Patienten beeinflussen auch das Feld, das Therapeut und Patient gemeinsam herstellen (Brandchaft et al., 2015). Spezifische intersubjektive Kontexte können die Auseinandersetzung des Kindes mit entscheidenden Entwicklungsaufgaben und die erfolgreiche Bewältigung von Entwicklungsphasen behindern, wenn das Kind sich die fremden Anforderungen völlig zu eigen macht. Diese Strukturen nannte Brandchaft »Systeme pathologischer Anpassung« und untersuchte ihre Manifestationen in seinen Behandlungen. Das Ausmaß, in dem die Phänomene pathologischer Anpassung unbemerkt jeden Aspekt der Persönlichkeit durchdringen können und alle menschlichen Beziehungen beeinflussen, geht darauf zurück, dass das Kind immer wieder dem übergeordneten Anspruch folgt, die Bindung zur Bezugsperson aufrechtzuerhalten, um das eigene Überleben zu sichern. Aus diesem Sicherheitsbedürfnis heraus stabilisieren Kinder auch ihre Eltern.

In seiner Erforschung dieser Dimension der therapeutischen Beziehung bezieht sich Brandchaft auf Evelyne Schwaber (1983) mit ihrem radikalen Verständnis des »Zuhörens«. Das kompromisslose Zuhören bestätigt die einfache und andauernde Präsenz eines signifikanten Anderen und stellt das Fundament und zeitweilig sogar die einzige Verbindung zum Therapeuten und zur therapeutischen Bindung her. Das führte Brandchaft zu der Überzeugung, dass sorgfältiges dauerhaftes Achten auf winzige Veränderungen der affektiven Zustände absolut erforderlich ist, um Zugang zu den vorreflexiven und prärepräsentationalen dissoziativen Fragmenten einer traumatischen Beziehungserfahrung zu finden. Nur wenn diese Erfahrungsreste, die ein Patient von Brandchaft einprägsam als »das Gefühl in meinen Knochen« umschrieb, in den dialogischen Diskurs der Therapie gebracht werden, ist es möglich, die dazugehörige Spaltung, Dissoziation und Verfremdung zu erforschen und schließlich zu überwinden. Nur dann kann die grundlegende Art des Selbst-in-der-Welt-Seins durch die vermittelnde Qualität der analytischen Erfahrung in eine neue umgewandelt werden.

Die interpretative Haltung des Therapeuten (»Deutungshoheit«) kann allerdings auch den Effekt haben, dass dessen Position vom Patienten als ultimative Autorität über die eigene subjektive Realität gestellt wird. Eine solchermaßen hergestellte therapeutische Allianz kann dazu führen, dass der Therapeut glaubt, dass seine Einflussnahme tatsächlich sei und die Veränderung etwas Unterdrücktes im Patienten befreit habe. Das geht häufig auf die Annahme des Therapeuten zurück, was der Patient fühlen oder nicht fühlen sollte, in Übereinstimmung mit dem, was der Therapeut in seiner eigenen Ausbildung und seiner eigenen Analyse gelernt hatte. Den »Fortschritt« des Patienten versteht er dann als ein Kennzeichen von emotionaler Reife und innerer Freiheit, die durch den Triumph der Dankbarkeit über den kindlichen Neid erreicht worden sei.

Nach Brandchaft wird ein pathologisches System von Therapeut und Patient auf diese Weise ko-kreiert; solche gemeinsam hergestellten pathologischen Einstellungen schleichen sich häufig unbemerkt ein und entgehen sowohl der Aufmerksamkeit des Patienten als auch der des Analytikers, da sie sich auf einem vorreflexiven Niveau unbewussten Erlebens abspielen. Brandchaft richtet deshalb seine Aufmerksamkeit besonders auf solche kritischen Phänomene, von denen er vermutet, dass sie verräterische Signale für die Auslösung einer wiederkehrenden traumatischen Erfahrung im Hier und Jetzt seien – verbal oder still, die innere Einstellung oder die Körperhaltung betreffend. Da sich Therapeutinnen und Therapeuten unbewusst an der Ko-Konstruktion des gegenwärtigen pathologischen Zustands ihrer

Patienten beteiligen, rät Brandchaft, eigene Überzeugungen ernsthaft immer wieder infrage zu stellen, wenn sie konkret reflektiert werden, vor allem wenn Therapeuten diese Überzeugungen als angeblich objektive Methoden für das Verstehen von Patienten postulieren. Brandchaft erkannte zunehmend, dass jedes theoretische System ein Produkt einer bestimmten Subjektivität ist, die bestenfalls Zugang nur zu einem Teil der intersubjektiven Welt für sich beanspruchen kann. Diese Erfahrung wurde zur Grundlage einer Haltung, die Orange (2004; Orange, Atwood u. Stolorow, 2015) als eine Fähigkeit, sich als fehlbar wahrzunehmen und danach zu handeln, kennzeichnete.

Mit seinem »emanzipatorischen« Ansatz sieht sich Brandchaft in der Tradition mit Freuds Idealen, als dieser die Geschichte seiner Entdeckungen rekapitulierte: »So blieb mir denn nichts übrig, als mich des weisen Wortes zu erinnern, es gebe mehr Dinge zwischen Himmel und Erde, als unsere Schulweisheit sich träumen lässt. Wer es verstünde, seine mitgebrachten Überzeugungen noch gründlicher auszuschalten, könnte gewiss noch mehr von solchen Dingen entdecken« (Freud, 1918/1969, S. 133). Auf diese Weise sucht Brandchaft, den Zugang zu den vorbewussten, prozeduralen und vorreflexiven Bereichen zu gewinnen, sodass diese reflektiert und zum bewussten Ausdruck gebracht werden können. Nur der Patient hat aber die entscheidende Autorität, was die Wahrnehmung seiner Subjektivität angeht. Letztlich ist nur er in der Position zu bestimmen, wer »er« ist und was nur eine sich seinem Selbsterleben annähernde Beschreibung von außen ist. »Nur so kann sein wachsendes selbstreflexives Wissen die Sicherheit schaffen, dass eine im Entstehen begriffene Wiederbelebung pathologischer Anpassung in der Behandlung entdeckt und korrigiert werden kann und das authentisches Selbsterleben wiederhergestellt und aufrechterhalten werden kann. Eine solche therapeutische Vorgangsweise hängt von der Bereitschaft des Analytikers ab, ein sicheres, responsives und verstehendes Milieu zu schaffen, in dem sich der Prozess entfalten und tiefere Ebenen der Erfahrung des Patienten erschließen kann, so dass er sich als ›ganze‹ Person erkannt fühlen kann« (Brandchaft et al., 2015, S. 37).

Dabei ist zu beachten, dass jeder Therapeut einen eigenen Satz präformierter invarianter organisierender Prinzipien hat, die seiner Wahrnehmung des Patienten »immanent« sind, sein Erleben und Wissen von dem Patienten und seine Konstrukte über ihn beeinflussen. Erfahrungen von Unterbrechungen des Austauschs mit dem Patienten sind in diesem Kontext insofern besonders wertvoll, als sie dem Therapeuten die Gelegenheit bieten, sich die seinem Verständnis zugrunde liegenden Annahmen bewusst zu machen und in dialogischer Interaktion die notwendigen Korrekturen einzubringen. Der befreiende Prozess in der Therapie ist nur als durchgehend wechselseitige Dynamik möglich, oder er scheitert. Die Fragen, die zu untersuchen sind, ergeben sich daraus, wie sich diese Wechselseitigkeit in dem Prozess gestaltet. Dabei hängt der Fortschritt weniger von den Antworten ab, die gefunden werden, sondern von den Fragen, die immer neu gestellt werden können. Die Fähigkeit, zu fragen, lebendig zu erhalten, sowohl draußen im Leben als auch in der Therapie, ist für Brandchaft die grundlegende emanzipatorische Perspektive.

6.3 Kohärenz und Fragmentierung

In seinen Behandlungen von Patienten mit narzisstischen Persönlichkeitsstörungen beobachtete Kohut (z. B. 1971), dass Symptome auftraten (z. B. eine ängstliche Verwirrtheit, narzisstische Wut, psychosomatische Symptome), wenn diese sich nicht empathisch verstanden fühlten. Kohut interpretierte das als Abnahme der Selbstkohäsion. Wenn sich Patienten erneut verstanden fühlten, wurde ihr Selbstzustand wieder stabiler, intakter und vitaler, weil sie die empathischen Antworten des Therapeuten als Selbstobjekterfahrungen erlebten. Angemessene Selbstobjekterfahrungen begünstigen die strukturelle Kohäsion und die vitale Kraft des Selbst. Fehlen Selbstobjekterfahrungen, sind sie nicht verlässlich oder unzureichend, kann die Kohäsion des Selbst verloren gehen und es kommt zu einer Fragmentierung des Selbst, sodass seine Grenzen durchlässiger werden, seine Energie und Vitalität nachlassen und sein Gleichgewicht gestört ist. Struktur wird hier als relative zeitliche Stabilität psychischer Konstellationen verstanden und bezieht sich auf den Zustand des Selbst (»self state«), so wie er mittels Introspektion und Empathie erfasst werden kann, der sich fortlaufend je nach Situation und Selbstobjekt-Matrix verändert. Eine partielle Lockerung der Selbststruktur kann als Gefühl der Wertlosigkeit, der Leere, der Niedergeschlagenheit oder der Angst wahrgenommen werden. Leichtere Formen der Fragmentierung werden auch als »Desintegration des Selbst« bezeichnet und mit sprachlichen Ausdrücken wie »Ich bin ganz kopflos«, »Ich fühle mich verwirrt« oder »Ich war starr vor Schreck« umschrieben.

Die Erfahrung eines sich auflösenden Selbst kann so unerträglich sein, dass Menschen nahezu alles tun, um den quälenden Wahrnehmungen, die das fragmentierte Selbst hervorruft, zu entgehen. Der imperative Drang zu einem »acting out« kann dem Versuch dienen, die fragmentierte Selbsterfahrung zu verbessern. Durch eine Art Selbststimulation, auch in Form körperlicher Selbstverletzung, sozialer Auffälligkeiten (z. B. Ladendiebstahl ohne ökonomische Notwendigkeit, Sachbeschädigungen) oder von Provokation und Verletzung von anderen, wird der Versuch unternommen, dem Selbstgefühl wieder Auftrieb zu geben. Suizidales Handeln, süchtiges Verhalten, Perversionen und kriminelles Verhalten sind weitere Beispiele für solche Versuche. Sexualisierungen und Aggressivierungen als Ausdruck für Störungen der Sexualität und Aggression können ebenfalls als defensive Mechanismen eingesetzt werden, um sich besser zu spüren.

Wenn die Fragmentierung ohne Einhalt fortschreitet, kann es zu psychotischen Dekompensationen kommen, durch die alle regulativen Funktionen des Selbst zusammenbrechen, die psychische Organisation zerfällt und die innere Kohärenz des Selbst, und damit das Identitätsgefühl, der Realitätssinn, die Raum-Zeit-Struktur und die Fähigkeit, sich zu den Objekten in Beziehung zu setzen, verloren geht (Milch, 2001; Atwood, 2017). Auch psychosomatische Krisen können einer ähnlichen Dynamik unterliegen (z. B. akuter Colitis-Schub, Asthma-Anfall, Neurodermitis-Schub, Migräne-Anfall).

Gleichzeitig sind wachsende Bemühungen zu beobachten, die das destabilisierte (Körper-)Selbstsystem unternimmt, um sich im Rahmen seiner noch verfügbaren Möglichkeiten bestmöglich zu organisieren. Als Beispiel können Projektionen unerträglicher Selbstanteile nach außen verlagert werden und dadurch das Selbst entlasten, wie in psychotischen Zuständen. Auf körperlicher Ebene werden die Lösungsversuche des Körpers auf Dauer zur führenden Symptomatik (wie z. B. die Strukturveränderungen der Lunge bei chronischem Asthma bronchiale).

7 Motivationssysteme

Die multidimensionale Motivations- und Bedürfnistheorie umfasst fünf wesentliche Motivationssysteme als psychische Systeme, die die Grundbedürfnisse regulieren und mittels gemeinsamer Selbstobjekterfahrungen mit responsiven Bezugspersonen dem Baby und Kleinkind ermöglichen, sich psychisch zu organisieren und zu strukturieren. Die Motivationssysteme beinhalten selbstregulative Fähigkeiten, beeinflussen sich gegenseitig und entwickeln sich im Laufe des Lebens weiter.

Die traditionelle psychoanalytische Triebtheorie wurde von Lichtenberg, Lachmann und Fosshage (1992) anhand der aktuellen Forschungsergebnisse der Neuro-, Säuglings- und Kleinkindforschung im Sinne einer multidimensionalen Systemtheorie erweitert. Bisher wurden sämtliche Bedürfnisse und Antriebe wie auch die begleitenden Affekte vom lebensgeschichtlich ausgeformten Triebschicksal der Sexualität und Aggression abgeleitet, so wie sie in den äußeren oder verinnerlichten Objektbeziehungen zum Ausdruck kommen; nun tritt an die Stelle der Triebtheorie eine multikausale Motivations- und Bedürfnistheorie mit fünf Motivationssystemen, die aufgrund entwicklungspsychologischer Erkenntnisse und Beobachtungen von unauffälligen Säuglingen und Kleinkindern konzipiert wurden (Lichtenberg, 1991a).

Nach der traditionellen psychoanalytischen Theorie entstehen die psychischen Strukturen vornehmlich aus den kompromisshaften und abwehrbezogenen Konfliktlösungen, zu denen die Triebe als »psychische Repräsentanz einer kontinuierlich fließenden, innersomatischen Reizquelle« (Freud, 1905, S. 76) in der Auseinandersetzung mit der Realität und den Objekten führen. Der Trieb wird als Manifestation eines innersomatisch ausgelösten Spannungszustands eines Organs oder Körperteils aufgefasst, während die Motivationssysteme psychische Systeme darstellen, die die Grundbedürfnisse regulieren und als Selbstobjekterfahrungen mit den responsiven Bezugspersonen dem Kleinkind ermöglichen, sich psychisch zu organisieren und zu strukturieren. Die Motivationssysteme im Sinne einer Systemtheorie verfügen über selbstregulative Fähigkeiten und beeinflussen sich gegenseitig. Motivationale Systeme beschreiben »Organisationsmodi gelebter Erfahrung, die auf leicht bestimmbaren Grundbedürfnissen beruhen« (Lichtenberg, 1995, S. 102).

Die Vielzahl von angeborenen Bedürfnissen und affektiven Handlungsmustern fasst Lichtenberg in fünf motivationalen Einheiten zusammen, die sich allerdings nur in Wechselwirkung mit der versorgenden Umwelt weiterentwickeln können, wobei der interaktive Prozess zwischen Kleinkind und Bezugsperson bestimmt, wie und ob sich diese Bedürfnisse herausbilden.

Zu diesen Motivationssystemen gehören:
- psychische Regulation physiologischer Bedürfnisse;
- Bindung und Zugehörigkeit;
- Exploration und Selbstbehauptung;
- Antagonismus und/oder Rückzug sowie aversive Reaktion;
- sinnliches Vergnügen, Sensualität und Sexualität.

Die »psychische Regulierung physiologischer Bedürfnisse« beinhaltet grundsätzliche körperliche Bedürfnisse wie Hunger und Sättigung, Schlaf und Müdigkeit, Wärme- und Kälteempfinden. Bei Magersüchtigen ist zum Beispiel diese Fähigkeit gestört. Das Motivationssystem »Bindung und Zugehörigkeit« umfasst die Bindung, so wie sie von Kleinkindforschern konzeptualisiert wurde, und wird ergänzt durch die Zugehörigkeit, die als wichtiges Teilsystem die Zugehörigkeit zu einer Nationalität, einer Gruppe, einem Verein oder einer Familie umfasst. Der Verlust etwa der Heimat kann zu schwerwiegenden Krisen führen. »Exploration und Selbstbehauptung« sind ständig motiviert und haben mit gesunder Neugier, Forschungsdrang und auch der Fähigkeit zu tun, zu sich zu stehen und sich selbst zu behaupten (z. B. »Hier stehe ich nun und kann nicht anders!«). Das Motivationssystem des »Antagonismus und/oder Rückzugs sowie der aversiven Reaktion« wird nur dann motiviert, wenn Gefahr droht und eine Gegenwehr notwendig ist. Das letzte Motivationssystem »sinnliches Vergnügen, Sensualität und Sexualität« entspricht dem traditionellen Verständnis der Sexualität, ist aber durch Sensualität und sinnliches Vergnügen ergänzt. Auf Sexualität kann im Leben zeitweise verzichtet werden, auf Sensualität (im Sinne von Berühren und Berührtwerden) von der Wiege bis zur Bahre nicht.

Störungen in diesen Motivationssystemen, die sich systemisch gegenseitig beeinflussen, können nachhaltig Einfluss nehmen und sich zeigen als Störungen der Initiative, Hemmungen, Passivität oder als anklammerndes und forderndes Verhalten und mit Gefühlen wie Furchtsamkeit, Schüchternheit, Scham und Traurigkeit einhergehen. Störungen der Organisation der Motivationssysteme können sich in vielgestaltiger Form zeigen: als Ess- und Verdauungsstörungen, Koordinationsstörungen des Bewegungsapparats, Ungeschicklichkeit, Steifheit, Körperfehlhaltungen, übertriebene Wahrnehmung innerer Körpervorgänge, ambivalente und vermeidende Bindungsmuster, unkonzentriertes und ungezügeltes wildes Spiel, Sichsträuben gegen Beruhigung und Besänftigung sowie als Neigung zu übermäßiger selbststimulierter sexueller Erregung. Störungen der Integrationsfähigkeit der Motivationssysteme können sich als desorganisierte, unbeständige Bindungsmuster zeigen, als Unfähigkeit, Ereignisse in kohärenten altersgemäßen Narrationen zu organisieren, und in einer Neigung zu gestörten affektiv-kognitiven Zuständen wie Wut, Panik, Depression, Scham, Dissoziation und psychotischer Desorganisation.

Die Weiterentwicklung der dualen Triebtheorie in eine Systemtheorie motivationaler Systeme führte zu weitgehenden behandlungstechnischen Veränderungen innerhalb des selbstpsychologischen Behandlungsansatzes, der vorrangig auf die Selbstregulierung, wechselseitige Regulierung und die Regulierung des affektiv-kognitiven Zustands abzielt.

Das *Selbsterleben (sense of self)* entwickelt sich, wenn ein Mensch sich als mehr oder weniger unabhängiges Zentrum eigenen Initiierens, Organisierens und Integrierens von Motivation und Erfahrung erlebt. Nach dieser Definition umfasst das bewusste und unbewusste Erleben:
- das Erleben des Selbst bzw. der eigenen Persönlichkeit;
- das Erleben wechselnder Grade von Getrenntsein und Bezogenheit auf die Umwelt;
- das Erleben der Aufnahme von Informationen. Diese gehören entweder zum Selbst, werden durch dieses hervorgerufen oder bestehen aus äußeren Wahrnehmungen. Die Wahrnehmungsquellen werden zu einer kohärenten »gelebten Erfahrung« integriert.

Nach der Theorie der motivationalen Systeme sind vier einander überlappende Betrachtungsweisen erforderlich, um abschätzen zu können, was in jedem Moment erlebt wird:
- die intrapsychische Perspektive;
- die intersubjektive-interaktive Perspektive;
- die Perspektive der Umgebungswahrnehmung;
- die affektiv-kognitive Perspektive.

8 Der Unterbrechungs-Wiederherstellungs-Prozess

Das therapeutische Ambiente und die empathische Resonanz mobilisieren Selbstobjektbedürfnisse, sodass explizite oder implizite Hoffnungen und Forderungen an den Therapeuten gerichtet werden können. Dieser Prozess verläuft aber diskontinuierlich, und das kontinuierliche Arbeiten wechselt mit Situationen ab, in denen starke Gefühle wach werden (»affective hightened moments«), wobei sich die starken Affekte auf Erlebnisse außerhalb der therapeutischen Situation, die persönliche Geschichte oder auch die Beziehung zum Therapeuten oder zur Therapeutin beziehen können. Besondere Momente, die einen herausfordernden Charakter tragen, nennt Daniel Stern »now moments« (Stern, 2005), wenn sich die Beziehung zuspitzt und eine spontane Reaktion vom Therapeuten erwartet wird.

Mit dem empathischen Verstandenwerden gibt der Patient habituelle Schutzmechanismen auf und wird verletzlicher. Da es dem Therapeuten kaum gelingt, lückenlos empathisch und responsiv zu reagieren, wird der Patient zu irgendeinem Zeitpunkt durch dessen Verhalten oder seine Äußerungen enttäuscht und reagiert plötzlich empört oder auch wütend auf diese Enttäuschung. Er fühlt sich in seinen Erwartungen getäuscht, bekommt Zweifel an der Therapie und dem Therapeuten, und in der Selbstobjektübertragung kommt es zu einer Unterbrechung. Diese kann aus Vorwürfen des Patienten bestehen, nicht ausreichend verstanden zu werden, oder sich in dessen Rückzug äußern, ohne dass die Unterbrechung vom Patienten angesprochen wurde (siehe Fallbeispiel am Ende des Buches). Es handelt sich hier um ein regressives Verhalten im Sinne der Aufnahme früherer, archaischer Formen der Beziehung mit archaischen

Gedanken, verzerrten und imperativen Selbstobjektbedürfnissen, die so überzogen wirken können, dass sie sich in den normalen sozialen Beziehungen schädlich auswirken würden.

Durch die Anerkennung des Therapeuten, dass es sich um legitime Selbstobjektbedürfnisse handelt, die durch ein vom Patienten erlebtes Empathieversagen des Therapeuten unzureichend beantwortet wurden, wird es möglich, gemeinsam nach einem treffenden Verständnis der Übertragungsunterbrechung zu suchen. Dazu kann der Therapeut sowohl introspektiv seine eigene psychische Realität und seine persönlichen organisierenden Prinzipien reflektieren als auch sich empathisch in die andersartige Realität des Patienten einfühlen, um so zu erkennen, welche seiner Handlungen und Deutungen, die er gemacht oder auch unterlassen hat, der Unterbrechung vorausgingen. Wenn er das Erleben des Patienten akzeptieren kann, ohne darauf zu bestehen, dass seine eigene Wahrnehmung die richtige ist, kann er mit diesem gemeinsam die wechselseitige empathische Kommunikation wiederherstellen.

Für den Patienten ermöglicht die Erfahrung, etwas im Therapeuten oder in der Therapeutin ausgelöst zu haben, ein Effektanz-Erleben als eine neue Selbstobjekterfahrung. Das Bedürfnis nach Effektanz-Lust kann als eine Variante der Spiegelerfahrung verstanden werden, die das Selbst stärkt. Der Unterbrechungs-Wiederherstellungs-Prozess bedeutet für den Patienten einen essenziellen Lernprozess, der zu einer Neuorganisation führt. Wolf (1988) nimmt an, dass die Erfahrung von Unterbrechung und Wiederherstellung den depressiven Kern des Selbst erreichen kann und diesen durch eine Neuordnung seiner Bestandteile verändert. Nach einer Reihe von Unterbrechungen und Wiederherstellungen ändert sich die Sichtweise des Patienten über die gemeinsame Beziehung und seine eigene Person allmählich und er entwickelt die Kraft, sein Leben besser zu meistern, ohne in Zustände von Fragmentierung zu geraten. Er kann dadurch die für ihn konstituierende Erfahrung machen, im Kern gut zu sein, auch wenn unlöslich scheinende Konflikte die Beziehung zu zerrütten drohen und er anschließend aus der regressiven Verwicklung auftaucht. Diese neue Beziehungserfahrung in der Therapie ermöglicht ihm, auch außerhalb der therapeutischen Situation mit Konflikten einen anderen Umgang zu wagen.

Der Unterbrechungs-Wiederherstellungs-Prozess in fünf Schritten zusammengefasst:
1. therapeutisches Ambiente und empathische Responsivität;
2. Selbstobjektübertragung;
3. Regression, Unterbrechung der Übertragung;
4. Wiederherstellung der Übertragung;
5. Neuordnung der Bestandteile des Selbst.

9 Behandlungsziele und kurative Faktoren

9.1 Was heilt nach der psychoanalytischen Selbstpsychologie?

Heinz Kohut, der Begründer der psychoanalytischen Selbstpsychologie, versuchte, Menschen aus ihrem eigenen Selbsterleben heraus mittels Introspektion und Empathie zu erkunden. Kohut vertrat ein Menschenbild, in dem das subjektive Selbst in eine Matrix sich ständig verändernder Beziehungen eingebettet ist. Die von den Mitmenschen ausgehenden Selbstobjekterfahrungen sind für das strukturell vollständige, kräftige, ausgewogene und sich ständig verändernde Selbst zeitlebens notwendig. Nach Wolf (1988; dt. 1996, S. 136) »handelt ein gesundes Selbst nur dann stark und kreativ, wenn es in Beziehung zu Anderen steht«. Aus den verschiedenen sozial-politisch orientierten Arbeiten Kohuts wird deutlich, dass der gesellschaftliche Aspekt eines Menschenbildes zeigt, dass Menschen als Teil eines gesellschaftlichen Prozesses weniger von Trieben »getrieben« als geleitet sind von Idealen, Ambitionen und Talenten als Ausdruck der individuellen Struktur eines Selbst mit speziellen Selbstobjektbedürfnissen. Im Laufe der Zeit wurde dieses Menschenbild durch neue Erkenntnisse der Biologie, der Neurowissenschaften und der Kleinkindforschung beeinflusst, besonders auch von Autoren und Autorinnen wie John Bowlby, Mary Main, Daniel Stern, Peter Fonagy, Bessel van der Kolk und Patricia Crittenden.

Kohut selbst verstand das selbstpsychologische therapeutische Vorgehen als keine Abweichung von der traditionellen Technik, sondern als Ausweitung des analytischen Verständnisses und als Erweiterung der Behandlungsmöglichkeiten. An der aktuellen Praxis der Analyse kritisierte er die Beimischung von versteckten moralischen und erzieherischen Zielen, die sich in bestimmten theoretischen Vorstellungen niederschlagen würden. Auch sah er die Arbeit mit Deutungen, die sich auf Konflikte beschränken, bei der Behandlung früher Störungen als wenig aussichtsreich an, wenn nicht gleichermaßen Entwicklungsdefizite durch korrektive Erfahrungen behoben werden. Erst neue Selbstobjekterfahrungen helfen, die alten Defizite zu kompensieren, und führen zu einer relativen Stabilität des Selbst. Deutungen allein helfen in dieser Tiefendimension nur wenig.

Die Ausgewogenheit des Selbst ist für Kohut ein Kennzeichen eines starken Selbst, ebenso wie seine Widerstandskraft gegenüber Kränkungen und Verletzungen. Zeichen psychischer Gesundheit ist nicht Autonomie im Sinne einer Autarkie gegenüber bedürfnisbefriedigenden Objekten, sondern die Fähigkeit, altersentsprechende, reife Selbstobjekte für die eigene Stabilität und Selbstentwicklung zu nutzen und bei Mangel derselben sich solche verschaffen zu können.

9.2 Die Entwicklung und Stärkung des Selbst

Die Stärkung des Selbst als ein vorrangiges Ziel des therapeutischen Prozesses drückt sich bei Patientinnen und Patienten in einer gewachsenen Vitalität und dem Willen und der Fähigkeit aus, sich aktiv im täglichen Lebenskampf zu behaupten, nicht ohne Angst, aber auch nicht entmutigt (Wolf, 1988). Eine Schwäche des Selbst wird als Folge schädlicher oder defizitärer Selbstobjekterfahrungen angesehen. Wegen der eigenen Verletzlichkeit kann ein Mensch auf Abwehrformen zurückgreifen, die ihn weiter schädigen und es ihm schwer machen, mögliche stärkende Erfahrungen zu nutzen (siehe Kapitel 6.2: Pathologische Akkommodation). Ein geschwächtes Selbst läuft daher bei Belastung Gefahr, in einen Zustand der Fragmentierung zu regredieren, wobei dieser Zustand nicht unmittelbar erlebt werden kann, sondern sich eher in quälenden Symptomen wie körperlichen Fehlfunktionen, übermäßiger Reizbarkeit oder Angst zeigt. Dabei kann das Selbst auch außerhalb des therapeutischen Rahmens gestärkt werden durch intensive Erfahrungen mit Mitmenschen, körperliches Training und andere stärkende Erfahrungen (Kohut, 1984).

Die Stärkung des Selbst kann in strukturellen Begriffen als eine Zunahme der Kohäsion und Ganzheit des Selbst durch *umwandelnde Verinnerlichung* beschrieben werden. Umwandelnde Verinnerlichung führt dazu, dass Erfahrungen mit wichtigen Anderen in das Selbst integriert werden. Narrationen über diese Erfahrungen werden zu einem integrativen Teil des eigenen Selbst.

Nach Schwaber (1981, 1988) hat bereits der empathische Prozess eine wesentliche kurative Wirkung, und die Autorin verlässt sich in ihren Behandlungen auf ihr empathisches Eintauchen in die innere Welt des Patienten. Empathie besteht für Schwaber aus einem Modus der Einstimmung, bei dem kognitive, perzeptuelle und affektive Signale genutzt werden. Dabei versucht sie, sich so gut wie möglich auf die subjektive Realität des Patienten einzustellen, diese zu fokussieren, möglichst ohne sich durch die eigene Welt beeinträchtigen zu lassen. Im therapeutischen Prozess bleibt die Sichtweise des Patienten entscheidend, so wie er die Therapeutin und seine Umwelt erlebt. Empathie schließt eine Resonanz mit dem unbewussten Affekt des Anderen ein und bildet nicht nur einen Zugang zu seinem inneren Erleben und seinen früheren Erfahrungen, sondern hilft auch, traumatisch Erlebtes zu bewältigen und in das aktuelle Selbst zu integrieren.

Nach Stern (1985; dt. 1992) ist dies die Abfolge des empathischen Verstehens:
- emotionale Resonanz;
- Abstraktion des empathischen Wissens;
- empathische Reaktion;
- Rollenidentifizierung.

Im therapeutischen Prozess wird das Selbst durch das Wiedererleben eines archaischen Traumas und der damit verbundenen Affekte im Hier und Jetzt der therapeutischen Situation und durch den anschließenden Durcharbeitungsprozess gestärkt, sodass eine integrierende und stärkende Restrukturierung des Selbst möglich wird. Die Fähigkeit, Affekte zu tolerieren und auch psychisch zu integrieren, nimmt durch den Durcharbeitungsprozess und die neuen Beziehungserfahrungen mit einem responsiven Selbstobjekt in Person des Therapeuten oder der Therapeutin zu.

Wenn zum Beispiel Patienten mit narzisstischen Störungen in Behandlung kommen, erweist sich ihre demonstrative Großspurigkeit rasch als ein gescheiterter Versuch, die überwältigende Unsicherheit in Bezug auf den eigenen Selbstwert zu kompensieren, die auf frühere Verletzungen zurückgeht und die das genaue Gegenteil der offen gezeigten Grandiosität darstellt (»Mach dich nicht so groß, so klein bist du ja gar nicht!«). Bei genauerer Exploration zeigt sich ein Bedürfnis, so gesehen zu werden, wie es dem eigenen Empfinden entspricht. Wenn sich die therapeutische Beziehung entfaltet, werden im Patienten Selbstobjektbedürfnisse wach, die sich als Selbstobjektübertragungen auf den Therapeuten richten und den Patienten stabilisieren. Häufig steht dem allerdings auch der Widerstand des Patienten entgegen, seine Übertragungsbereitschaft zu mobilisieren, weil er eine Retraumatisierung vermeiden möchte. Auf einer bewussten Ebene kann der Patient das Gefühl haben, mit dem Therapeuten nicht wirklich in Kontakt zu kommen, obwohl dieser ihm eigentlich sympathisch ist, oder er muss ihn sogar entwerten, um die eigenen unbewussten Wünsche nach einem Selbstobjekt in Schach zu halten. Diese Ängste vor Wiederholung (»dread to repeat«, Ornstein, 1991; dt. 1996, S. 448) sollten als Widerstände gegen die Mobilisierung einer Selbstobjektübertragung gedeutet werden, um dem Patienten zu erleichtern, die Selbstobjektübertragung anzunehmen und damit den analytischen Prozess in Gang zu setzen.

In der Wechselwirkung von Objekt- und Selbsterleben liegt in jeder psychoanalytischen Arbeit die Kunst darin, die richtige Balance zwischen Deutung und Beziehung zu finden. Die Grundregel ist dabei, den therapeutischen Prozess möglichst lange auf der Ebene der Exploration zu halten (z. B. durch »tentative«, gut abgestimmte Fragen), um dem Patienten möglichst lange Gelegenheit für Selbsterkenntnisse zu geben und möglicherweise sich selbst die Deutung zu erarbeiten. Diese selbst gewonnenen Deutungen werden am besten verinnerlicht und sind auch am wenigsten durch persönliche Konstrukte des Therapeuten »kontaminiert«, sie bekommen die Validität einer »gemeinsamen Wahrheit«. Dabei wird bei der vom Therapeuten gegebenen Deutung weniger die gewonnene Einsicht als wesentlich eingeschätzt, sondern wie der Patient die Deutung erlebt, als Ausdruck der Beziehung und auch des empathischen therapeutischen Ambientes (als wesentlicher kurativer Kraft). Notwendig sind dafür das Gefühl eigener Beteiligung von beiden sowie die wachsende sichere Erwartung, verlässlich gehört und verstanden zu werden (»Optimale Responsivität«, Bacal, 1985).

Bei der Deutung wird eine »trailing edge« von einer »forward edge« unterschieden (Tolpin, 2005). Erstere bezieht sich auf die Vergangenheit, Letztere auf die Zukunft und Möglichkeiten der Entwicklung. Auch Träume können in dieser Weise gedeutet werden.

Zu dieser Responsivität gehört auch die implizite Ebene der (non-verbalen) Kommunikation, wobei die Persönlichkeit, die Eigenarten, die eigene Geschichte des Therapeuten und das, was er macht und nicht macht, in welcher Weise er spricht und was er dem Patienten mitteilt, wesentlichen Anteil an dem Prozess haben. Um dem auf die Spur zu kommen, hat die Supervision mit wörtlichen Stundenprotokollen oder Videoaufnahmen eine große Bedeutung. In der Supervision mit Stundenprotokollen werden wesentliche Teile einer wörtlich notierten Sequenz innerhalb des therapeutischen Prozesses mit dem Fokus auf das Erleben des Patienten zurückverfolgt. Die Mikroanalyse der Videoaufnahmen hilft, die implizite Dimension der Interaktion zur Darstellung zu bringen. Interessanterweise tritt auch die implizite Dimension einer therapeutischen Beziehung deutlich zu Tage, wenn in der Supervision Rollenspiele angewandt werden.

Das Vorgehen des Therapeuten kann dann als förderlich angesehen werden, wenn seine Interventionen Selbstobjekterfahrungen erleichtern. Diese Erfahrung ermöglicht es dem Patienten oder der

Patientin, auch außerhalb der therapeutischen Situation selbstanalytische Fähigkeiten in schwierigen Situationen anzuwenden.

Die Behandlungsziele im Überblick:
- Stärkung des Selbst (bessere Selbstregulation);
- Wiederaufnahme eines gestörten Entwicklungsprozesses;
- neue emotionale Erfahrungen (erlebte Objektbeziehung);
- Förderung eigenanalytischer Fähigkeiten (Introspektion);
- Auflösung pathologischer organisierender Prinzipien.

10 Intersubjektivität und Selbstpsychologie

10.1 Geschichte der Intersubjektivität

Schon während seiner psychoanalytischen Ausbildung beschäftigte sich Robert D. Stolorow mit Heinz Kohut. Hinter Kohuts triebtheoretisch verbrämter Sprache ermöglichten dessen damals neuen Vorstellungen einen Zugang zum Verständnis des Wesens von Beziehungen, wie diese das Gefühl für das eigene Selbst verbessern oder unterminieren können, das Gefühl für die Selbstkohäsion, Selbstkontinuität und den Selbstwert. Bereits bevor sie sich persönlich kennenlernten, hatte Kohut zwei Arbeiten von Stolorow sowie von Stolorow und Atwood in seinem Buch »The Restauration of the Self« (1977) zitiert, und Stolorow schrieb eine Buchrezension über Kohuts Buch, die »unambivalent positiv« war (Stolorow, 1992, S. 246). Stolorow stand in Briefkontakt mit Kohut und gehörte dann zu der kleinen Gruppe um ihn, die sich ab 1977 regelmäßig bei einem der Mitglieder zu Hause traf (Strozier, 2001, S. 277). Stolorow wurde dann auch zu den ersten selbstpsychologischen Symposien 1978 in Chicago und 1979 in Los Angeles eingeladen. Nach seinen eigenen Worten wurde er fest in die neue selbstpsychologische Bewegung eingebunden und verstand die Selbstpsychologie als eine reine Psychologie der subjektiven Welt. Nach der Einschätzung des Historikers und Kohut-Biografen Charles B. Strozier zählte Stolorow zu Kohuts »Jüngern« (Strozier, 2001, S. 306). 1981 diskutierte er den bis dahin unveröffentlichten Teil des letzten Buches von Kohut auf einem Symposium in San Diego, worauf Kohut sich in einem längeren Brief bedankte und auf Stolorows Kritik schrieb: »Ich sehe darin die Gedanken eines liebenswürdigen [cherished] Kollegen und Mitarbeiters, der sich mit mir in das neue Gebiet vorarbeitet, das uns die Einsichten der Selbstpsychologie eröffnet hat« (Cocks, 1994, S. 421 f.; Übers. W. M.). Stolorow widmete Heinz Kohut Artikel (Strozier, 2001, S. 439), besuchte diesen wenige Tage vor dessen Tod und durfte in sein letztes Buch einsehen. Es war Kohut besonders wichtig, noch ein gemeinsames Foto zu machen. Später, als die Fallgeschichte über Herrn Z. als Autobiografie »entlarvt« wurde, verteidigte Stolorow Kohut (Strozier, 2001, S. 470).

Stolorow unterschied zwischen der Metapsychologie und der klinischen Theorie der Selbstpsychologie, wobei er sich auf die Arbeiten von George S. Klein bezog. Klein (1976) versuchte, metapsychologische und klinische Konzepte in der Psychoanalyse zu trennen, und hielt nur die klinischen für einen legitimen Inhalt psychoanalytischer Theorie. Während die klinische Psychoanalyse »Warum-Fragen« stellt und Antworten auf der Ebene persönlicher Gründe, Zwecke und individueller Bedeutungen sucht, geht es bei der Metapsychologie um »Wie-Fragen«, die Antworten in Begriffen aus der nicht erfahrbaren Welt unpersönlicher Mechanismen und Gründe sucht (Stolorow u. Atwood, 2019). Für Stolorow galt diese Kritik auch für die Ideen von Kohut. Psychologische Struktur bestand für Stolorow aus persönlichen Prinzipien, die präreflexiv die erfahrbare Welt organisieren. Diese Vorstellungen führten Stolorow zum Fokus auf emotionale Phänomenologie und deren intersubjektiven Kontext (Stolorow u. Atwood, 2019, S. 7).

1979 erschien das erste epochemachende Buch »Faces in a Cloud: Subjectivity in Personality Theory«, in dem Stolorow und Atwood einen ersten wesentlichen Schritt hin zu einer psychoanalytischen Phänomenologie machten, ein Weg, der philosophische Gedanken (u. a. Husserl, Heidegger, Sartre) mit psychoanalytischen verband. In diesem Buch wird auf die Ideen Kohuts über narzisstische Pathologie und deren Behandlung immer wieder Bezug genommen. Als Beispiel für den intersubjektiven Bezug ist für das Erspüren des eigenen grandiosen Selbst die Spiegelung durch ein Gegenüber notwendig, die Erfahrung einer konkreten anderen Person mit eigenen Bedürfnissen kann diesen Prozess stören (Stolorow u. Atwood, 1979, S. 143).

Dem phänomenologischen Ansatz blieben die Intersubjektivisten bis heute treu, und Stolorow und Atwood widmen diesem zentralen Ansatz ihr gerade erschienenes Werk »The Power of Phenomenology. Psychoanalytic and Philosophical Perspectives« (2019).

10.2 Die intersubjektive Theorie als Systemtheorie

Die intersubjektive Theorie wurde vor allem von Robert D. Stolorow, Bernhard Brandchaft, George E. Atwood und Donna Orange entwickelt. Bei der intersubjektiven Theorie handelt sich um eine Feld- oder Systemtheorie, aus deren Perspektive Kohuts Vorstellungen des Selbst und seiner Selbstobjekte zu begrenzt auf den intrapsychischen Aspekt sind und die intersubjektive Beziehung vernachlässigen. Anstatt sich auf die intrapsychischen Prozesse oder die Beziehungen zwischen intrapsychischen Strukturen zu beziehen, werden in der therapeutischen Situation »reziproke interagierende Erfahrungswelten« als Ausdruck der intersubjektiven Beziehung betrachtet. Die Grenzen dieses intersubjektiven Austauschs zwischen Patient und Analytiker sind sehr fließend und werden durch die Affekte bestimmt.

Nach Stolorow, Brandchaft und Atwood (1987) erleichtert der intersubjektive Ansatz den empathischen Zugang zur subjektiven Welt des Patienten und verbessert den Anwendungsbereich und die therapeutische Effektivität der Psychoanalyse. Ihre Überlegungen basieren auf Kohuts (1959) Aussage, dass das empirische und theoretische Feld der Psychoanalyse durch Empathie und Introspektion definiert und begrenzt sei. Demzufolge fällt nur das, was im Prinzip durch Einfühlung und Introspektion erfahrbar ist, in das Gebiet der psychoanalytischen Forschung, die immer aus der subjektiven Welt des Patienten oder des Analytikers heraus erfolgen sollte: »Wenn ein Analytiker zur erlebnisfernen Formulierung zurückkehrt (ein häufiges und oft gegenübertragungsbedingtes Geschehen) oder darauf besteht, dass seine Formulierungen objektive Wahrheit enthalten, arbeitet er nicht psychoanalytisch. Es ist dann für den Analytiker wichtig zu entdecken, wie diese Kehrtwendung sich auf den psychoanalytischen Dialog auswirkt« (Stolorow et al., 1987; dt. 1996, S. 18 f.). Folglich kann der Analytiker mit seinen Mitteln kein »objektives« Wissen über den Patienten erlangen, ebenso wenig wie über dessen menschliche Entwicklung oder psychologische Funktionen. Was der Analytiker besitzt, ist der subjektive Bezugsrahmen, der aus einer Vielzahl von Quellen und prägenden Erlebnissen entstanden ist, mithilfe dessen er das analytische Material in ein Gefüge grundlegender Themen zwischenmenschlicher Beziehungen organisiert. »Der Bezugsrahmen des Analytikers darf nicht in den Status objektiver Realität erhoben werden. Vielmehr ist es wichtig, dass der Analytiker kontinuierlich sein reflektierendes Bewusstsein über seine eigenen unbewussten Regulationsprinzipien zu erweitern versucht, einschließlich und insbesondere über jene, welche die Vorstellung von ›objektivem Wissen‹ und objektiven Theorien enthalten, so dass die Wirkung dieser Prinzipien auf den analytischen Prozess bemerkt und selbst zum Gegenstand psychoanalytischer Untersuchung gemacht werden kann« (Stolorow et al., 1987; dt. 1996, S. 19). Auch Schwaber (1983, 1988) argumentierte bereits gegen eine »objektive« Sichtweise, die zu einer »hierarchisch geordneten Zwei-Realitätensicht« führe, wobei der Patient eine subjektive Wirklichkeit erlebe, während der Analytiker über das »objektive« Wissen verfüge.

Die intersubjektivistische Theorie äußert sich zurückhaltend zur *Behandlungstechnik,* um einen breit angelegten Rahmen vorzuhalten, in dem verschiedene Formen therapeutischer Praxis ihren Platz finden können. Dahinter steht das Postulat, eine Vielzahl klinischer Theorien wie in einer Grundlagenwissenschaft zusammenzufassen. Dieser Anspruch tritt jedoch in der konkreten Arbeit häufig in Widerspruch zu dezidierten klinischen Aussagen, wie etwa dem Konzept der Übertragung. Im Verständnis der *Übertragung* besteht ein wesentlicher Widerspruch zur traditionellen Selbstpsychologie: Die Übertragung wird von den Intersubjektivisten als Ausdruck »unbewusster organisierender Prinzipien« verstanden und ist nicht auf die Selbstobjektübertragung begrenzt. Sie besteht aus zwei basalen Dimensionen: der *Selbstobjektdimension* und einer *Wiederholungsdimension*. Die eine ermöglicht entwicklungsfördernde Erfahrungen, und die andere ist Ausdruck für Entwicklungsstörungen.

Das Wesen der Übertragungsanalyse besteht in der Untersuchung der Übertragungsbeziehung, die sich in dem fortlaufenden intersubjektiven System ereignet. Dieses System wird durch das Zusammenspiel sowohl der Übertragung des Patienten als auch derjenigen des Analytikers erzeugt. Der Fokus der analytischen Arbeit liegt immer auf der gemeinsamen Konstruktion und nicht auf dem einzelnen Beitrag eines der Beziehungspartner wie zum Beispiel der Selbstobjektübertragung des Patienten auf den Analytiker. Ziel der Übertragungsanalyse ist auch nicht die restlose Auflösung der Übertragung, da sie als eine universelle menschliche Organisationstendenz verstanden wird, damit »zielt die Analyse nicht auf den Verzicht, sondern vielmehr auf die Akzeptanz und Integration des Übertragungserlebens in das Netz der durch Analyse erweiterten seelischen Organisation des Patienten« (Stolorow et al., 1987; dt. 1996, S. 68).

In anderer Hinsicht halten die intersubjektivistischen Theoretiker durchaus an den traditionellen Zielen fest, etwa wenn es sich darum handelt, Unbewusstes bewusst zu machen, das heißt, die unbewusst organisierenden Prinzipien des Patienten zu erkennen, insbesondere wenn sie sich im intersubjektiven Dialog zwischen Patient und Analytiker manifestieren. Für intersubjektivistisch orientierte Analytikerinnen und Analytiker wird die Erfahrung des Patienten im therapeutischen Dialog durchgängig durch die organisierenden Aktivitäten *beider* Teilnehmender beeinflusst. Die organisierenden Prinzipien des Analytikers prägen nicht nur seine Gegenübertragung, sondern ebenso seine Deutungen und andere therapeutische Interventionen. Die Übertragungsanalyse beruht weitgehend auf der charakteristischen Art, wie der Patient den Analytiker und seine Aktivitäten erlebt und sich dabei fortlaufend an unbewusst vorgeformten Mustern orientiert. Ihr Ziel ist es, die subjektive Wirklichkeit des Patienten in dem Maße zu verstehen, wie sie sich im intersubjektiven Feld der Analyse herauskristallisiert. Im Bereich der unbewussten Dimension erlebt ein Patient seine Umwelt als etwas Unabhängiges und objektiv Reales, ohne sich der Qualität der subjektiven Deutungen und Konstruktionen eben dieser Realität bewusst zu sein. Psychoanalytische Therapie dient dann dazu, dem Patienten reflexives Wissen über die ihn strukturierenden, unbewussten organisierenden Aktivitäten zu vermitteln (Jaenicke, 2006, 2010, 2014).

Stolorow und Atwood (1992; Orange, Atwood u. Stolorow, 1997) fügten den bestehenden Vorstellungen über das Unbewusste noch ein »präreflexives Unbewusstes« und ein »unvalidiertes Unbewusstes« hinzu. Letzteres strukturiert das Erleben durch organisierende Prinzipien, die außerhalb des Bewusstseins einer Person wirken. Die Bedeutung des Unbewussten für die Persönlichkeitsentwicklung kann mit dem Bau eines Hauses verglichen werden: Das *präreflexive Unbewusste* entspricht dem Bauplan und der Statik der Konstruktion, das *dynamische Unbewusste* dem Haus und dem Leben darin, wobei das *unvalidierte Unbewusste* diejenigen Teile des Plans darstellt, die nicht verwirklicht wurden, die also in der konkreten Ausführung des Hauses fehlen. Dieser Aspekt des Unbewussten bezieht sich auf alle menschlichen Erfahrungen, die in der individuellen Lebensgeschichte nicht gemacht werden konnten, zum Beispiel weil ein Elternteil fehlte oder die emotionalen Reaktionen unzureichend waren.

10.3 Kritik an den Vorstellungen Kohuts

Grundsätzlich kritisieren Stolorow und Atwood (1992) Kohuts Vorstellungen des Selbst (siehe auch Müller, 2015). Der Begriff bei Kohut vermische zwei wesentliche Aspekte des Selbst, die Stolorow und Atwood (1992) differenzieren möchten: Es gelte zu trennen zwischen dem Selbst als seelischer Struktur und dem Selbst als handelnder Person. Um einer solchen Vermischung vorzubeugen, sollte das Selbst als handelnde Person auch mit dem Begriff der Person belegt werden. Der Begriff des Selbst bleibt dann der Erlebnisorganisation und den das Selbst betreffenden Narrationen vorbehalten.

Auch in anderer Hinsicht kritisieren die Autoren das Selbstkonzept bei Kohut: Das »bipolare Selbst« werde mechanistisch verstanden und lasse zu wenig Raum für eine Würdigung der Vielschichtigkeit des Selbst mit unterschiedlichen Selbstanteilen.

In ihrer Kritik der Widerstandsanalyse, so wie sie von der klassischen Psychoanalyse als technisches Vorgehen eingeführt wurde, beziehen sich die Intersubjektivisten auf Kohuts Theorie, die den Widerstand als Störung in der sich festigenden Selbstobjektbindung an den Analytiker versteht, weil sich der Patient vor einer Retraumatisierung schützen muss. Die fortgesetzte Analyse der komplexen trennenden Erfahrungen, eingeschlossen der Vorwegnahme der Reaktionen des Analytikers, hilft, die Muster der unbewusst organisierenden Aktivitäten des Patienten abzuklären. Im Widerstand wird die vom Patienten erlebte therapeutische Beziehung durch ängstliche Erwartungen geprägt, der Analytiker könnte den auftauchenden emotionalen Wünschen und Zuständen auf die gleiche traumatische Art begegnen wie einst die Eltern. Das Verständnis der notwendig auftretenden Widerstände verläuft parallel zur Übertragungsanalyse, indem mit Deutungen die immer wieder unterbrochene Selbstobjektbindung wiederhergestellt und vertieft wird, sodass auf diese Weise der vormals beeinträchtigte Entwicklungsprozess auf einem anderen Niveau wieder in Gang kommt.

Das sorgfältige Studium der Gedanken Kohuts über die »umwandelnde Verinnerlichung« führten Stolorow et al. (1987) zu der Feststellung, dieses Konzept fusioniere zwei Entwicklungsprozesse, die ebenfalls deutlicher unterschieden werden sollten: Der eine Prozess bestehe aus dem allmählichen *Erwerb funktionaler Fähigkeiten*, wie etwa der Selbstberuhigung und der Selbsteinfühlung, die vorher vom Analytiker als Selbstobjekt übernommen wurden. Für diese Vorstellungen hatte Kohut das Konzept der Internalisierung von Hartmann übernommen, wonach die autonome Selbstregulation aus der Regulation durch die Umwelt entsteht. Der Begriff »Internalisierung« suggeriert aber auch eine physikalische und räumliche Qualität des Vorgangs, wobei die zu entwickelnden Fähigkeiten der Selbstregulation als psychische Funktionen angemessener nicht mit räumlichen Begriffen beschrieben werden sollten. Die Autoren schlagen deshalb vor, die Reorganisation des intersubjektiven Raums während einer Behandlung möglichst erlebnisnah zu fassen, so wie die Selbstobjektfunktionen des Analytikers sich im Selbsterleben des Patienten niederschlagen.

Der andere bei der umwandelnden Verinnerlichung beteiligte Prozess bezieht sich auf die *Strukturierung des Selbsterlebens*. Durch sein einfühlendes Verständnis in die Affektzustände des Patienten kann der Therapeut als hilfreiches Medium erlebt werden, das die unvollendete Entwicklung etwa zur Selbstbehauptung und Selbstabgrenzung, die in den prägenden Jahren blockiert wurde, wieder mobilisiert.

Die nach Kohuts Vorstellungen an der Strukturbildung beteiligte optimale Frustration wird, ebenso wie ihre quantitativen Metaphern, als ein Relikt der Triebtheorie aufgefasst. »Die optimale Frustration ist danach ein direkter Abkömmling von Freuds Vorstellung [...], dass das Ich durch direkten (frustrierenden) Einfluss der Außenwelt Teil des Es ist«. »Als ein mechanistisches erlebnisfernes Konzept ist die Vorstellung der optimalen Frustration mit einer empathisch-introspektiven Selbstpsychologie [...] unvereinbar« (Stolorow et al., 1987; dt. 1996, S. 41). Die »optimale Frustration« wird deshalb durch das Konzept der »optimalen Empathie«, »des optimalen Echos« oder der »affektiven Übereinstimmung« ersetzt. »Optimal« wird in diesem Kontext als für die Entwicklung und Gesundung im Sinne psychischer Strukturbildung in bestmöglicher Weise förderlich verstanden.

Nach Kohut existieren in der subjektiven Welt des Menschen zwei unterschiedliche Objekterfahrungen, die sich auf »echte« Objekte und Selbstobjekte beziehen. Das Selbstobjekt wird als Verlängerung des eigenen Selbst erlebt und zur Entwicklung und Aufrechterhaltung der Selbstorganisation benötigt. Davon werden »echte« oder »ganze« Objekte unterschieden, die als deutlich abgegrenzt wahrgenommen werden und Ziel leidenschaftlichen Begehrens oder aggressiver Konflikte sind. Zu dieser Differenzierung des Objektbegriffs von Kohut bemerken Stolorow et al. (1987) kritisch, dass es sich dabei um keinen wirklichen Gegensatz handele. Wie bei allen typologisierenden Systemen werde auch hier menschliches Denken substanzialisiert und in starre, unbewegliche psychologische Kategorien hineingepresst. Es handelt sich um Verdinglichungen, die das Verständnis des komplexen, sich ständig wandelnden Charakters menschlichen Seelenlebens vernebeln. Solche verdinglichten Typologisierungen bilden später den Ausgangspunkt endloser ideologischer Kontroversen, wie zum Beispiel der Debatte um die Frage der Entwicklungsdefizite und der seelischen Konflikte. Der Begriff *Selbstobjekt* sollte nach Stolorow et al. (1987) nur dann benutzt werden, wenn er sich auf seelische Funktionen bezieht, die mit der Dimension des Erlebens eines Mitmenschen zu tun haben. Wie Figur und Hintergrund stehen das Selbstobjekt und andere Dimensionen, mit denen Menschen erlebt werden, in einer wechselseitigen Beziehung. In dieser fluktuierenden Gestalt-Hintergrund-Beziehung werden das Versagen des Selbstobjekts und der seelische Konflikt nicht als alternativ zueinander bewertet, sondern als aufeinander bezogene Dimensionen des Erlebens.

Insgesamt zeichnet sich die intersubjektive Perspektive durch ein radikaleres Verständnis der empathisch-introspektiven Sichtweise aus (Müller, 2015).

10.4 Grundlegende Prinzipien der intersubjektiven Theorie und Behandlung

Zu den grundlegenden Prinzipien der intersubjektiven Theorie und Behandlung gehört erstens die *Entfaltung, Erklärung und Entwicklung der subjektiven Welt eines Patienten* in einem Wechselspiel mit einem Anderen. Zweitens handelt es sich um einen *umwandelnden Prozess,* der durch die analytische Aktivität und ihre unvermeidlichen Fehler in Gang gesetzt wird und innerhalb eines spezifischen, intersubjektiven Systems erfolgt (Stolorow et al., 1987; Jaenicke, 2006, 2010, 2014), an dem beide – Patient und Therapeut – mit ihren organisierenden Prinzipien beteiligt sind. Damit ist nicht zwischen Forscher und psychologisch Beforschtem zu trennen. Drittens ergibt sich daraus folgerichtig *keine Wahr-Falsch-Dichotomie* und keine persönliche Realität, die als höherwertig im Sinne der Wahrhaftigkeit oder Validität eingeschätzt werden könnte. In jede Bewertung gehen die subjektiv und historisch geformten Vorstellungen ein. Im Laufe der Therapie entwickelt sich eine von Therapeut und Patient formulierbare geteilte intersubjektive Wirklichkeit, die in dem Prozess der erlebten empathischen Resonanz sprachlich ausgedrückt werden kann.

Die *analytische Haltung* ist durch eine *dauerhafte empathische Suche* charakterisiert, die darum bemüht ist, konsequent die Bedeutung dessen, was ein Patient ausdrückt, aus der Perspektive innerhalb und nicht außerhalb von dessen subjektivem Bezugsrahmen zu verstehen. Diese empathische Haltung trägt den therapeutischen Dialog und steht im Gegensatz zu einer puristisch angewandten *Abstinenz* aufseiten des Analytikers, die den therapeutischen Prozess in entscheidender Weise aus dem Gleis laufen lassen kann. Durch eine falsch verstandene, überzogene Abstinenz kann ein heftiger Konflikt provoziert werden, der ein durch diese therapeutische Haltung bedingtes Artefakt darstellt und nicht als Ausdruck der ursprünglichen Psychopathologie des Patienten gelten kann. Die Abstinenz als bewusste Frustration der Wünsche und Bedürfnisse des Patienten wird von diesem nicht als eine neutrale Haltung des Analytikers erlebt. Diese Haltung widerspricht auch dem intersubjektiven Anspruch, dass die Interventionen des Analytikers so weit wie möglich von einer kontinuierlichen Einschätzung dessen geleitet sein sollten, was den Prozess der Erhellung, Entfaltung und Umwandlung der subjektiven Welt des Patienten erleichtert. Eine solche Haltung erfordert eine sorgfältige analytische Untersuchung der spezifischen Bedeutungen, welche die Handlungen oder Unterlassungen des Analytikers für den Patienten bekommen können. Dazu gehört auch, im fortlaufenden psychoanalytischen Prozess die strukturellen Invarianten in der psychischen Organisation des Patienten durch kritische Reflexion der sich ständig verändernden Bewegungen des intersubjektiven Feldes, das die therapeutische Dyade umschließt, zu erhellen und allmählich umzuwandeln. Die Möglichkeit eigener Fehlbarkeit sollte sich die Analytikerin oder der Analytiker in diesem Prozess immer wieder bewusst machen (Orange, 2004; Orange, Atwood u. Stolorow, 2015). Die intersubjektivistische Theorie bezieht *Übertragung* weder auf Regression, Verschiebung, Projektion oder Verzerrung, sondern auf die Assimilierung der analytischen Beziehung in die thematischen Strukturen der persönlichen, subjektiven Lebenswelt des Patienten oder der Patientin. Übertragung ist damit Ausdruck eines universellen seelischen Bestrebens, Erfahrungen zu organisieren und ihnen Bedeutungen zuzuschreiben. Diese Definition von Übertragung bezieht vielfältige Dimensionen mit ein, einschließlich einer Entwicklungsdimension. Sie hilft, unter anderem auch die Beziehung zwischen Widerstand und Übertragung zu verstehen (siehe oben). Sie erklärt, wie beide Beteiligte zum therapeutischen Geschehen beitragen und in welcher spezifischen Weise der Patient die therapeutische Beziehung erlebt. Das Konzept der Übertragung als organisierender Aktivität ermutigt, den subjektiven Bezugsrahmen des Patienten stetig weiter zu explorieren, um seine psychische Welt in der Entwicklung zu verstehen.

Zur Entfaltung der Übertragung gehört das aufkeimende Bedürfnis des Patienten nach Selbstobjekterfahrungen, die benötigt werden, um die Entwicklungsfähigkeit des individuellen Selbst das ganze Leben hindurch zu erhalten. Störungen der Entwicklung der Selbstobjektbedürfnisse entstehen aus intersubjektiven Situationen, in denen zentrale Affektzustände, die die Selbstdifferenzierung begleiten, dauerhaft unbeantwortet bleiben oder aktiv zurückgewiesen werden. Dabei entsteht zwischen der Anpassung der Selbstentwicklung an die Eltern und dem Ausdruck und der Entfaltung eines eigenen vitalen affektiven Kerns ein fundamentaler innerer Konflikt. Dieser wird in der Analyse reaktiviert, wenn Hoffnungen auf neue Erfahrungen in dem intersubjektiven Kontext geweckt und blockierte Strebungen nach Selbstdifferenzierung gelöst werden, der Patient aber gleichzeitig Angst empfindet, dass sich die Verletzungen des Selbsterlebens in der Kindheit mit dem Analytiker oder der Analytikerin wiederholen könnten (Bindung, die befreit, versus Bindung, die fesselt). Im analytischen Prozess ist es deshalb von wesentlicher Bedeutung, genau zu untersuchen, ob und auf welche Weise der Patient den Analytiker als Bedrohung für sein zentrales Selbst erlebt. Gelingt der Prozess, sind Selbstobjekterfahrungen wesentlich für die Integration der Affekte in die sich entwickelnde Organisation des Selbsterlebens und unterstützen die Neustrukturierung des Selbstgefühls.

Die Beobachtung der mehr oder weniger geglückten *Affektintegration* im Umgang mit Widerständen und mit den Selbstobjektübertragungen erleichtert das Verständnis sowohl der Bedeutung der »Inter-Affektivität« als auch der spezifischen intersubjektiven Kontexte, die den Prozess der Selbstentwicklung erleichtern oder hemmen. Die Konzentration auf die Affektintegration hilft, die komplexen Beziehungen zwischen der Entstehung seelischer Konflikte in der Kindheit, späteren Entwicklungsstörungen und Störungen in der aktuellen psychoanalytischen Situation zu verstehen.

»Die spezifischen intersubjektiven Zusammenhänge, in denen sich Konflikte bilden, sind Situationen, in denen zentrale Affektzustände des Kindes nicht integriert werden können, weil sie nicht die erforderlichen Reaktionen von Seiten der sorgenden Umgebung auslösen konnten. Solche nicht integrierten Gefühle werden zur Quelle ständiger innerer Konflikte, weil sie als Bedrohung für die seelische Organisation der Person wie auch für die Aufrechterhaltung lebenswichtiger Bindungen erlebt werden« (Stolorow et al., 1987; dt. 1996, S. 133). Während einer Behandlung wird Widerstand gegen das Auftreten nicht integrierter Affekte aus der Angst heraus mobilisiert, dass der Analytiker oder die Analytikerin die traumatisierenden Reaktionen früherer Bezugspersonen wiederholt und damit auch die alte Traumatisierung.

Nach Stolorow kann die *Deutung* als eine therapeutische Intervention verstanden werden, die Teil einer spezifischen intersubjektiven Interaktion ist und zu der die psychologischen Organisationen sowohl des Analytikers als auch des Patienten beitragen. Der Analytiker formuliert seine Deutung, nachdem er die Zusammenhänge empathisch untersucht hat, sodass sich der Patient tiefgreifend verstanden fühlen kann. Das Erleben der Tiefen der eigenen subjektiven Welt des Patienten entsteht aus einem Gefühl des Verstandenwerdens heraus, sodass Selbstobjektbedürfnisse mobilisiert werden und ein zum Stillstand gekommener Entwicklungsprozess wieder in Gang kommt. Psychoanalytische Deutungen bekommen ihre verändernde Kraft durch die intersubjektive Matrix, in der sie formuliert und erlebt werden.

11 Patientengeschichte eines psychosomatisch schwer gestörten Mannes

Zum Erstgespräch erschien ein abgehetzt wirkender, adipöser und untersetzter Mann mit einem geröteten Gesicht, der um die fünfzig Jahre alt war. Er bewunderte sogleich die Pflanzen in meinem Behandlungszimmer, was mich angesichts seiner offensichtlichen Kompetenz freute. Der Patient begann mit einem Bericht über seine andauernden und schweren Blutdruckkrisen. Wegen der schwankenden Blutdruckwerte habe sein Internist zu einer Psychotherapie geraten, weil dieser ihn medikamentös nur schwer einstellen konnte und psychische Faktoren vermutete, die den Blutdruck beeinflussten. Wegen des hohen Blutdrucks traten zeitweise rasende Kopfschmerzen und auch Sehstörungen auf. Schmerzen in den Beinen zwangen den Patienten nach wenigen Metern, stehen zu bleiben. Die Krankheit hatte dazu geführt, dass er vor einigen Monaten eine eigene Gärtnerei aufgeben musste und nun nur noch auf dem Marktstand seine Ehefrau aushalf. Aber auch diese sehr viel leichtere Tätigkeit überforderte ihn. Er empfand erstmals Angst vor Kunden und verspürte einen Drang wegzulaufen. Auf Nachfragen beschrieb er, dass er den Kunden nicht zuhören könne, dass er den Kontakt nicht aushalte. Wenn jemand an seinen Pflanzen herumfingere, könne ihm der Kragen platzen und er könne ausfällig werden.

Schon seit ungefähr drei Jahren litt er zunehmend unter depressiven Verstimmungen. In Ruhezeiten erlebte er sich als leer und niedergeschlagen, bei Stress hatte er starke Angst und Unruhe, es traten Ein- und Durchschlafstörungen auf. Wegen schwerwiegender Beeinträchtigungen der Konzentration, des Auffassungsvermögens und des Kurzzeitgedächtnisses war er bereits wegen einer Alzheimer-Erkrankung getestet worden, allerdings ohne einen pathologischen Befund.

In dem Erstgespräch gewann ich den Eindruck, dass dieser für mich sympathische, sensible und verletzliche Mann ständig unter Druck stand, in einem Zustand chronischer Wut. Gleichzeitig versuchte er mir zu vermitteln, dass er alles im Griff habe und in Ordnung sei und eigentlich keine Hilfe brauche. Für seine inneren Reaktionen und Affekte schien er unempfänglich. Über die Pflanzen hatte er einen guten Kontakt mit mir herstellen können und ich begann, auch in den nachfolgenden Stunden seine berufliche Kompetenz zu schätzen (idealisierende Selbstobjektübertragung). Dem entsprach in der Übertragung des Patienten, dass er zunächst zögernd und zaghaft Zuwendung suchte, mit dem Bedürfnis nach einer bestätigenden Selbstobjekterfahrung. Auch stellte sich heraus, dass er bei unserem allerersten Telefonat, in dem er um einen Termin bat, mich so verstanden hatte, dass ich ihm zunächst nur einen Termin zum Kennenlernen angeboten hätte. In seiner Erwartung einer längeren Therapie fühlte er sich enttäuscht und kam nur mit Widerständen zum Erstinterview, wie er mir später eröffnete.

Über die Pflanzen hatten wir dann einen Kontakt gefunden, und in der weiteren Behandlung sollten diese immer wieder eine große Rolle spielen. Mit kritischem Blick schaute er auf die Pflanzen im Behandlungszimmer, ob ich pfleglich mit ihnen umgehe, so als ob er an deren Zustand ablesen könnte, ob ich auch pfleglich mit ihm selbst umgehen werde. Als eine der Zimmerpflanzen erkrankte und später abstarb, reagierte er mit Rückzug und Schweigen. Zunächst verstand ich diesen Rückzug nicht und machte mir verschiedene Gedanken. Da er aber die Pflanzen nicht mehr ansprach, machte ich eine vorsichtige, sogenannte tentative Deutung, indem ich seine mögliche Enttäuschung über das Sterben meiner Pflanze ansprach. Dies konnte er bestätigen, wirkte sichtlich gelöster und nahm den Kontakt wieder mit mir auf.

In den ersten Stunden sprach er unter hoher körperlicher Anspannung fast ununterbrochen. Er schilderte seine Arbeit, wobei er pausenlos im Einsatz schien, ohne dabei besonders effektiv zu sein. Er fühlte sich verpflichtet, das Geschäft für seine psychisch kranke Frau und seinen psychisch kranken Sohn zu strukturieren, das führte aber zu einer dauernden Anspannung, ohne Erholungsphasen und mit sehr wenig Schlaf. Kundenwünsche abzuschlagen grenzte an eine Unmöglichkeit, gleichzeitig bekam er Wut und wäre am liebsten weggelaufen. Vor meinem inneren Auge tauchten schnell wechselnde Bilder ohne Zusammenhang auf, wie in einem Film, der zu schnell abgespielt wird. Manchmal viel es mir schwer, eine ruhige Aufmerksamkeit zu bewahren, und ich suchte für meine eigene Selbstregulation mein eigenes Körperempfinden, manchmal verfiel ich auch in Tagträumereien, in eine imaginierte Urlaubswelt.

Ich wurde innerlich wach und präsent, als er verschiedene Übergriffe vonseiten der Ehefrau, der Schwiegermutter und auch der Mutter erwähnte, die mit ihm gemeinsam auf einem bäuerlichen Anwesen wohnten. Diese Übergriffe beschäftigen mich, sie mussten den Patienten zutiefst kränken, scheinbar ließ er sie aber an sich und seiner Körperfülle abprallen. Ich sprach die Verletzungen allerdings zunächst nicht an; in der Schilderung wirkte der Patient so, als ob er sich an sie so gewöhnt hätte, dass er sie gar nicht mehr bemerkte, und schien ihnen gegenüber wehrlos, reagierte aber mit vermehrter körperlicher Anspannung und hohem Blutdruck.

Wenn der Patient von hohem Blutdruck berichtete, fielen mir zwei unterschiedliche Selbstzustände auf, die ich zuallererst in der Gegenübertragung spürte: Im einen fühlte ich mich eher stimuliert, erregt, in dem anderen spürte ich die Verletzung des Patienten, seine Ohnmacht und seinen Rückzug nach innen, die mich eher zum Tagträumen veranlassten (Selbstregulation in der Gegenübertragung). In den zuerst erwähnten Zuständen bekam der Patient einen hochroten Kopf, er schien sehr unter Druck, wie überstimuliert und redete viel, aber ohne Rhythmus und Pause, von sich selbst »dezentriert«, mit äußeren Ansprüchen beschäftigt. Erst die ruhige, verlässliche und haltende Funktion, die ich ihm anzubieten versuchte, führte in kleinen Schritten dazu, dass er sich besser »zentrieren« konnte und mehr zu sich zurückfand. Er musste offensichtlich das Äußerste leisten, um die erhoffte Spiegelung zu erhalten, gleichzeitig versuchte er, »alles im Griff« zu haben, um nur nicht zu abhängig zu werden, damit die Gefahr einer Verletzung nicht zu groß wurde.

Im zweiten Zustand schien er auch sehr unter Druck, sein Gesicht wurde aber bleich. Häufig berichtete er über Erfahrungen von Ohnmacht und Kränkung, sehr viel später erfuhr ich von seiner erheblichen Wut, die sich in ihm angestaut hatte, von der er fast hätte platzen können, sich aber nicht traute, sie zu zeigen, um nicht abgewiesen oder lächerlich gemacht zu werden. Er schaltete dann den Kontakt nach außen ab, fing an, sich mit inneren Phantasien und Wünschen zu beschäftigen, und war damit psychisch weniger verletzlich. Die Zentralisation des Kreislaufs schien einem Rückzug nach innen zu entsprechen (Verbindung des ersten Motivationssystems der psychischen Regulation physiologischer Erfordernisse mit dem aversiven Motivationssystem nach Lichtenberg et al., 1992).

Später kam es zunehmend zu einer Verbindung des ersten Motivationssystems der psychischen Regulation physiologischer Erfordernisse mit dem explorativen Motivationssystem, als er neugieriger auf sich und sein emotionales Erleben wurde.

Die entspannte, ruhige Atmosphäre schien sich positiv auf den Patienten auszuwirken, sodass die Stunden zu einem Ruhepol in seinem Leben wurden. In der Rolle des Zuhörens und möglichst Anerkennens hatte ich während der Stunden häufig das Gefühl von nur geringem Einfluss und musste mich immer wieder zurückhalten, mit Deutungen, wie in Behandlungen neurotischer Patienten, aktiv zu werden. So achtete ich in der ersten Phase der Behandlung überwiegend auf meine eigenen körperlichen Signale, auf meine innere Anspannung und gab dem Patienten hin und wieder Hinweise, wie viel Kraft seine Aktivitäten wohl kosteten und wie viel Anspannung ihm abverlangt wurde. Auch bei mir verspürte ich eine extreme Anspannung als körperliche Resonanz auf die Verletzlichkeit und innere Anspannung des Patienten.

Das Interesse am Körper und an der Blutdruckregulation führte dazu, dass der Patient den Blutdruck nun regelmäßig maß und allmählich auch Blutdruckkrisen anhand von Körpersymptomen frühzeitig wahrnehmen konnte (Anspannung, Leere im Kopf und präkordiale Beschwerden lernte er erst im Lauf der Behandlung kennen). In seinem inneren Erleben schien er vor allem mit einer lückenlosen Funktion für andere beschäftigt und ließ Schilderungen über ein drittes Objekt, Spielräume, Phantasieräume oder offene Affektäußerungen vermissen. Er schien nur zu einem inneren Bezugsrahmen fähig zu sein, die Vorstellung eines abgegrenzten Mentalen anderer Menschen war ihm fremd. Abstufungen von Affekten oder zwei gleichzeitig ablaufenden Prozesse konnte er innerlich nicht »online« halten.

Wenn es sich anbot, verband ich in einem zweiten Schritt das Ansprechen von Anspannung damit, dass der Patient Tag und Nacht nicht zur Ruhe kam, dass ihm der Rhythmus von Anspannung und Erholung fehlte. Auf eine Äußerung meinerseits sah er mich verblüfft an, fragte ratlos, wie ich das denn meine. Es verging einige Zeit, bis er selbst dieses Thema wieder aufgriff, es vertiefte und zusammen mit mir überlegte, wie er Pausen in seinen Arbeitstag einbauen könnte. Schließlich nahm er sich vor, regelmäßig im Thermalbad schwimmen zu gehen. Das Schwimmen bot ihm die Möglichkeit, sich allein von zu Hause zu entfernen, andere Menschen zu treffen, das Solarium zu benutzen oder im Café zu sitzen, und vermittelte ihm ein Gefühl von Autonomie.

Im Verlauf der Therapie wurden dann erhebliche Übergriffe von Familienangehörigen deutlich. Seine Mutter verlangte von ihm, Auskünfte gegenüber einem Amt zu machen, für die er später aber selbst hätte aufkommen müssen. Der Loyalitätskonflikt brachte ihn in heftigste innere Konflikte. Als er der Mutter nicht gleich zu Willen war, begann diese ihn zu manipulieren, indem sie beispielsweise Freundinnen zu ihm schickte, die behaupteten, die Mutter sei akut krank und der Sohn müsse sofort kommen. Auf die Konflikte reagierte er mit heftiger Verzweiflung und ging aus suizidaler Absicht an die Bahngleise, konnte sich aber wieder »fangen«, dachte an seine Kinder und an eine mögliche andere Zukunft. Ich war froh, dass er das Vertrauen hatte, mir in der nächsten Stunde davon zu berichten.

Als er sich autonomer gegenüber der Mutter verhielt, schien sich auch diese entgegen seinen Erwartungen zu beruhigen. Der Patient selbst war stolz, angemessen und fest reagiert zu haben. Er konnte die Manipulationsversuche rechtzeitig erkennen und sich dagegen wehren.

Aus einer anfänglich idealisierten Selbstobjektübertragung wurde zunehmend eine Alter-Ego-Übertragung. Der Patient suchte nach Ähnlichkeiten mit mir, stellte fest, dass die Pflanzen, die ich in meiner Praxis hatte, seinen eigenen Pflanzen ähnlich waren und dass wir in seinen Vorstellungen gleiche Interessen hatten. Bei diesem Übertragungsprozess handelte es sich aber keinesfalls um einen kontinuierlichen Prozess, sondern Phasen der Übereinstimmung und der Gemeinsamkeit wurden immer wieder durch Unterbrechungen, in denen er sich von mir unverstanden fühlte, infrage gestellt und die Behandlungsbeziehung musste wieder hergestellt werden.

Die Situationen, in denen der Patient mit Hypertonuskrisen reagierte, waren im Zusammenhang mit nicht empfundenen Affekten (meist Reaktionen auf psychische Verletzungen, häufig Wut) zu sehen. Im Lauf der Behandlung ließ die Neigung des Patienten, auf für ihn verletzende oder anstrengende Situationen mit einer Blutdruckkrise zu reagieren, deutlich nach. Gegen Ende der Behandlung von ungefähr fünf Jahren (ca. 240 Therapiestunden) nahm er neben einer Alter-Ego-Selbstobjektübertragung den Therapeuten auch getrennt von sich wahr, als er zum Beispiel fragte, ob es mir nicht gut gehe, was ich bejahte, weil ich gerade eine Erkältung bekam.

Wie andere Patienten mit essenzieller Hypertonie wollte der Patient zunächst »alles im Griff« haben und musste sein Inneres hinter einer Fassade der Normalität vor sich selbst und mir verbergen. In der ersten Phase der Behandlung spielte er den aktiven Part, nur um nicht abhängig und verletzlich zu werden. Gefühlsäußerungen waren für ihn insgesamt schwierig, vor allem Gefühle von Hilflosigkeit, Ohnmacht und auch Wut. Sein Problem war es nicht nur, Gefühle nicht oder nur schwer wahrnehmen zu können, sondern auf bestimmte, manchmal nur angedeutete Gefühlszustände reagierte er mit heftigen körperlichen Veränderungen wie auch Blutdruckanstieg. Achtsamkeit für körperliche Zustände und die Reflexion darüber sowie die Selbstobjektübertragungen mit entsprechenden Deutungen halfen dem Patienten zu einer verbesserten Selbstregulation und einem Zugang zu körperlichen Vorgängen wie Über- und Fehlernährung, Schlafstörungen und Störungen im Zusammenhang mit körperlichen Aktivitäten. Der Blutdruck normalisierte sich zunehmend.

Erst als er seine körperliche Anspannung und andere körperliche Zustände und später mentale Zustände an sich selbst und bei anderen erleben konnte, nahm mit wachsendem Introspektionsvermögen auch seine empathische Fähigkeit zu. Zunächst weigerte er sich allerdings, bei entsprechendem vorsichtigem Nachfragen psychischen Zugang zu dieser inneren und äußeren Welt zu gewinnen. Er schien wie mit wichtigen Objekten verschmolzen, auch wenn diese untergründig auf einer körperliche Ebene in ihm Veränderungen wachriefen, die sich im Laufe der Behandlung als Ausdruck für Wut auf Verletzungen hin entpuppten. In dem intersubjektiven Prozess der Behandlung waren die Fähigkeit zur Affektwahrnehmung und die psychische Fähigkeit zur Regulation physiologischer Prozesse gewachsen. Er konnte sich zunehmend ein implizites Beziehungswissen bewusst machen und für sich nutzen, vor allem in Momenten intersubjektiver Begegnungen zwischen uns, die ihm eine Neuorganisation innerer Vorstellungsbilder und organisierender Prinzipien ermöglichten. Der Fokus auf dem impliziten Beziehungswissen im Vergleich zu den symbolischen Inhalten machte mir ein wirkungsvolles therapeutisches Handeln möglich.

Literatur

Atwood, G. E. (2017). Der Abgrund des Wahnsinns. Psychoanalytische Erkundungen seelischer Zerstörung. Gießen: Psychosozial-Verlag.
Atwood, G. E., Stolorow, R. D. (1984). Structures of subjectivity. Hillsdale, NJ: The Analytic Press.
Bacal, H. A. (1985). Optimal responsiveness and the therapeutic process. In A. Goldberg (Ed.), Progress in Self Psychology (Vol. 1, pp. 202–226). New York: Guilford Press.
Bateman, A. W., Fonagy, P. (2015). Handbuch Mentalisieren. Gießen: Psychosozial-Verlag.
Brandchaft, B., Docters, S., Sorter, D. (2015). Emanzipatorische Psychoanalyse. Systeme pathologischer Anpassung – Brandchafts Konzept der Intersubjektivität. Frankfurt a. M.: Brandes & Apsel.
Cocks, G. (1994). The curve of life: Correspondence of Heinz Kohut: 1923–1981. Chicago u. London: The University of Chicago Press.
Doctors, S. (2018). The Selfobject concept – the heart of the matter. Vortrag Kongress IAPSP in Wien, 19.10.2018.
Fonagy, P., Steele, M., Steele, H., Higgitt, A., Target, M. (1994). The Emmanuel Miller memorial lecture 1992. The theory and practice of resilience. Journal of Child Psychology and Psychiatry and Allied Disciplines, 35, 231–257.
Fonagy, P., Target, M., Gergely, G. (2000). Attachment and borderline personality disorder. The Psychiatric Clinics of North America, 23 (1), 103–122.
Freud, S. (1905). Drei Abhandlungen zur Sexualtheorie. GW Bd. V. Frankfurt a. M.: S. Fischer.
Freud, S. (1913). Zur Einleitung der Behandlung. GW Bd. VIII. Frankfurt a. M.: S. Fischer.
Freud, S. (1918/1969). Aus der Geschichte einer infantilen Neurose. Studienausgabe Bd. 8. Frankfurt a. M.: S. Fischer.
Freud, S. (1920). Jenseits des Lustprinzips. GW Bd. XIII. Frankfurt a. M.: S. Fischer.

Freud, S. (1921). Massenpsychologie und Ich-Analyse. GW Bd. XIII. Frankfurt a. M.: S. Fischer.

Freud, S. (1923). Das Ich und das Es. GW Bd. VI. Frankfurt a. M.: S. Fischer.

Grimm, J., Grimm, W. (1984). Deutsches Wörterbuch. Bd. 16, Seelenleben – Sprechen. München: Deutscher Taschenbuch Verlag.

Hartmann, H. (1964, dt. 1972). Ich-Psychologie. Studien zur psychoanalytischen Theorie. Stuttgart: Klett.

Hartmann, H. P., Milch, W., Kutter, P., Paál, J. (1998). Das Selbst im Lebenszyklus. Frankfurt a. M.: Suhrkamp.

Jaenicke, C. (2006). Das Risiko der Verbundenheit – Intersubjektivitätstheorie in der Praxis. Stuttgart: Klett-Cotta.

Jaenicke, C. (2010). Veränderung in der Psychoanalyse. Selbstreflexionen des Analytikers in der therapeutischen Beziehung. Stuttgart: Klett-Cotta.

Jaenicke, C. (2014). Die Suche nach Bezogenheit. Eine intersubjektiv-systemische Sicht. Frankfurt a. M.: Brandes & Apsel.

James, W. (1890). The principles of psychology, 2 Vols. New York. Reprint 1950: Psychology: Briefer course. New York: Dover.

Klein, G. S. (1976). Psychoanalytic theory: An exploration of essentials. Madison, CT: International Universities Press.

Kohut, H. (1959). Introspection, empathy and psychoanalysis: An examination of the relationship between mode of observation and theory. Dt.: Introspektion, Empathie und Psychoanalyse. Zur Beziehung zwischen Beobachtungsmethode und Theorie. Psyche – Zeitschrift für Psychoanalyse und ihre Anwendungen, 25, 831–855, 1971; und Frankfurt a. M.: Suhrkamp, 1977.

Kohut, H. (1966). Forms and transformations of narcissism. In P. Ornstein (Ed.), The search for the self (Vol. 1, pp. 427–460). New York: Internat. Univ. Press. Dt.: Formen und Umformungen des Narzißmus. In H. Kohut, Die Zukunft der Psychoanalyse (S. 140–172). Frankfurt a. M.: Suhrkamp, 1975.

Kohut, H. (1968). The psychoanalytic treatment of narcissistic personality disorders – outline of a systematic approach. The Psychoanalytic Study of the Child, 23, 86–113. Dt.: Die psychoanalytische Behandlung narzißtischer Persönlichkeitsstörungen. Psyche – Zeitschrift für Psychoanalyse und ihre Anwendungen, 23 (5), 321–348, 1969.

Kohut, H. (1971). Analysis of the self. New York: Internat. Univ. Press. Dt.: Narzißmus. Frankfurt a. M.: Suhrkamp, 1976.

Kohut, H. (1977). The restoration of the self. New York: Internat. Univ. Press. Dt.: Die Heilung des Selbst. Frankfurt a. M.: Suhrkamp, 1979.

Kohut, H. (1984). How does analysis cure? Chicago: Univ. Chicago Press. Dt.: Wie heilt die Psychoanalyse? Frankfurt a. M.: Suhrkamp, 1987.

Kohut, H., Wolf, E. S. (1978). The disorders of the self and their treatment. The International Journal of Psychoanalysis, 39, 413–425. Dt.: (mit geringfügigen Veränderungen) in U. H. Peters (Hrsg.), Die Störungen des Selbst und ihre Behandlung. Die Psychologie des 20. Jahrhunderts (Bd. 10, S. 667–682). Zürich: Kindler, 1980.

Lichtenberg, J. D. (1991a). Psychoanalyse und Säuglingsforschung. Berlin u. a.: Springer.

Lichtenberg, J. D. (1991b). What is a selfobject? Psychoanalytic Dialogues, 1 (4), 455–479.

Lichtenberg, J. D. (1995). Überlegungen zu einer Theorie der Technik. In P. Kutter, J. Paál, C. Schöttler, H. P. Hartmann, W. Milch (Hrsg.), Der therapeutische Prozeß (S. 99–117). Frankfurt a. M.: Suhrkamp.

Lichtenberg, J. D., Lachmann, F. M., Fosshage, J. L. (1992). Self and motivational systems: Toward a theory of psychoanalytic technique. Hillsdale, NJ: The Analytic Press. Dt.: Das Selbst und die motivationalen Systeme. Frankfurt a. M.: Brandes & Apsel, 2000.

Lichtenberg, J. D., Lachmann, F. M., Fosshage, J. L. (1996). The clinical exchange. Techniques derived from self and motivational systems. Hillsdale: The Analytic Press.

Milch, W. (2001). Lehrbuch der Selbstpsychologie. Stuttgart: Kohlhammer.

Müller, K. (2015). Selbstpsychologie und Intersubjektivität in der zeitgenössischen Psychoanalyse: Heinz Kohut und Robert Stolorow et al. Ein Vergleich aus behandlungstechnischer Perspektive. Hamburg: Diplomica Verlag.

Orange, D. (2004). Emotionales Verständnis und Intersubjektivität: Beiträge zu einer psychoanalytischen Epistemologie. Frankfurt a. M.: Brandes & Apsel.

Orange, D. M., Atwood, G. E., Stolorow, R. D. (1997). Working intersubjectively: Contextualism in psychoanalytic practice. Hillsdale, NJ: The Analytic Press.

Orange, D., Atwood, G. E., Stolorow, R. D. (2015) Intersubjektivität in der Psychoanalyse. Kontextualismus in der psychoanalytischen Praxis. Frankfurt a. M.: Brandes & Apsel.

Ornstein, A. (1991). The dread to repeat: Comments on the working-through process in psychoanalysis. Journal of the American Psychoanalytic Association, 39, 377–398. https://doi.org/10.1177/000306519103900204. Dt.: Die Angst vor Wiederholung: Bemerkungen zum Prozess des

Durcharbeitens in der Psychoanalyse. Psyche – Zeitschrift für Psychoanalyse und ihre Anwendungen, 50 (5), 444–462.

Peters, U. W. (2014). Heinz Kohut. Über das Selbst und sich selbst. Köln: ANA Publishers.

Schwaber, E. A. (1981). Empathy: A mode of analytic listening. Psychoanalytic Inquiry, 1, 357–392.

Schwaber, E. A. (1983). Psychoanalytic listening and psychic reality. The International Review of Psychoanalysis, 10, 379–392.

Schwaber, E. A. (1988). Rekonstruktion und Wahrnehmungserleben: Weiterführende Gedanken zum psychoanalytischen Zuhören. In P. Kutter, R. Páramo-Ortega, P. Zagermann (Hrsg.), Die psychoanalytische Haltung (S. 207–230). Wien: Verlag Internationale Psychoanalyse.

Stern, D. N. (1985). The interpersonal world of the infant. New York: Basic Books. (Dt.: Die Lebenserfahrung des Säuglings. Stuttgart: Klett-Cotta, 1992)

Stern, D. N. (1993). Acting versus remembering in transference love and infantile love. In E. S. Person, A. Hagelin, P. Fonagy (Eds.) for the International Psychoanalytic Association, On Freud's »observations on transference-love« (pp. 172–186). New Haven u. London: Yale Univ. Press.

Stern, D. N. (2005). Der Gegenwartsmoment. Veränderungsprozesse in Psychoanalyse, Psychotherapie und Alltag. Frankfurt a. M.: Brandes und Apsel.

Stolorow, R. D. (1992). Subjectivity and Self Psychology: A personal odyssey. In A. Goldberg (Ed.), New therapeutic visions. Progress in Self Psychology, Vol. 8 (pp. 241–250).

Stolorow, R. D., Atwood, G. E. (1979). Faces in a cloud. Subjectivity in personality theory. Northvale, NJ, u. London: Jason Aronson.

Stolorow, R. D., Atwood, G. E. (1992). Contexts of being: The intersubjective foundations of psychological life. Hillsdale, NJ: The Analytic Press.

Stolorow, R. D., Atwood, G. E. (2019). The power of phenomenology. Psychoanalytic and philosophical perspectives. London u. New York: Routledge.

Stolorow, R. D., Brandchaft, B., Atwood, G. E. (1987). Psychoanalytic treatment: An intersubjective approach. Hillsdale, NJ: The Analytic Press. Dt.: Psychoanalytische Behandlung. Frankfurt a. M.: Fischer, 1996.

Strozier, C. B. (2001). Heinz Kohut. The making of a psychoanalyst. New York: Farrar, Straus and Geroux.

Stolorow, R. D., Lachmann, F. M. (1985). Transference: The future of an illusion. Annual of Psycoanalysis, 12, 19–37.

Tolpin, M. (2005). Zum Verständnis der vollständigen Übertragung: Wiederholung der Pathologie und Wiederbelebung der normalen Entwicklung. Selbstpsychologie, 20, 204–218.

Winnicott, D. W. (1951/1983). Übergangsobjekte und Übergangsphänomene. In D. W. Winnicott, Von der Kinderheilkunde zur Psychoanalyse (S. 300–319). Frankfurt a. M.: Fischer.

Wolf, E. S. (1988). Treating the self. Elements of clinical Self Psychology. New York: Guilford Press. Dt.: Theorie und Praxis der psychoanalytischen Selbstpsychologie. Frankfurt a. M.: Suhrkamp, 1996.